VOYAGE EN ESPAGNE

D'UN

AMBASSADEUR MAROCAIN

(1690-1691)

TRADUIT DE L'ARABE

PAR

H. SAUVAIRE

Consul de France en retraite.

PARIS
ERNEST LEROUX, ÉDITEUR
LIBRAIRE DE LA SOCIÉTÉ ASIATIQUE
DE L'ÉCOLE DES LANGUES ORIENTALES VIVANTES, ETC.
28, RUE BONAPARTE, 28

1884

BIBLIOTHÈQUE ORIENTALE ELZÉVIRIENNE

XXXVIII

VOYAGE EN ESPAGNE

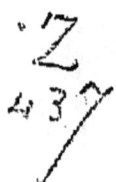

ANGERS, IMPRIMERIE BURDIN ET Cie, RUE GARNIER, 4.

VOYAGE EN ESPAGNE

D'UN

AMBASSADEUR MAROCAIN

(1690-1691)

TRADUIT DE L'ARABE

PAR

H. SAUVAIRE

Consul de France en retraite.

PARIS
ERNEST LEROUX, ÉDITEUR
LIBRAIRE DE LA SOCIÉTÉ ASIATIQUE
DE L'ÉCOLE DES LANGUES ORIENTALES VIVANTES, ETC.
28, RUE BONAPARTE, 28
—
1884

La traduction qui suit a été faite en partie sur le manuscrit de la Bibliothèque nationale de Madrid coté Gg. 192, et en partie sur un manuscrit appartenant à M. de Gayangos, et qui paraît n'être qu'une copie du premier. Le manuscrit de la Bibliothèque est porté au Catalogue avec cette mention : *Viaje à España de un Embajador enviado por Muley Ismael á Carlos II, y observaciones que hace en todo lo que vió. Viage hecho por los años 1680 á 1682.* La mort du pape Alexandre VIII et la prise de Mons par les Français, pour ne citer que ces deux événements relatés par l'ambassadeur marocain, prouvent qu'il se trouvait en Espagne en l'année 1691. Il dut s'embarquer à Ceuta avant la fin de 1690. Son nom nous est inconnu.

Robernier, par Montfort (Var),
le 31 mars 1884.

VOYAGE EN ESPAGNE
D'UN
AMBASSADEUR MAROCAIN
(1690-1691)

DU PORT DE LA MONTAGNE DE TÂREQ[1]

C'est la montagne appelée Mont de la Conquête, parce qu'elle fut le point de départ de la conquête de l'Andalos lorsque Târeq, à qui Dieu fasse miséricorde! y aborda. Le passage de Târeq dans ce pays s'effectua après que Moûsa ebn Nosayr, Dieu lui fasse miséricorde! eut expédié dans la péninsule des détachements de cavalerie par l'ordre de l'émir El Walîd, fils d'ʿAbd

---

1. *Djebel Târeq*, d'où nous avons fait Gibraltar

el Malek. Moûsa gouvernait alors l'*Ifriqiyah*[1] au nom d'El Walîd, et Târeq commandait à Tanger pour Moûsa. Entre Youliân (Julien), préfet de la partie de l'*adouah*[2] qui longe la mer, et entre Moûsa avaient été échangés des rapports d'intimité et une correspondance ayant pour objet d'inviter le général musulman à franchir (le détroit) et à pénétrer dans l'île Verte. Moûsa écrivit à El Walîd pour lui faire part de ces sollicitations. « Rends-toi compte (de l'état) du pays au moyen de quelques détachements de cavalerie, » lui répondit le khalife. Il conduisit une expédition, fit un riche butin et des prisonniers et retourna au pays de Barbarie, où la guerre contre les Berbers infidèles réclamait sa présence. Quand

1. L'Afrique proprement dite des Romains.
2. Les Arabes donnent également le nom d'*adouah* (passage) aux deux parties de l'Afrique et de l'Espagne bordant le bras de mer que franchirent les conquérants musulmans. Ce terme désigne aussi, d'une manière plus générale, tantôt l'Espagne et même le continent européen et tantôt le Maroc.

ceux-ci eurent embrassé l'islamisme, après un horrible pillage et la perte d'un grand nombre de leurs femmes et de leurs enfants emmenés en captivité, les incursions furent peu à peu dirigées contre les infidèles de l'Andalos. Le premier détachement étant revenu sain et sauf et chargé de butin, Moûsa s'occupa d'en faire passer un autre l'année suivante. Le narrateur a dit : Lorsque Julien invita Moûsa à envahir l'Andalos, on rapporte que le chef musulman se transporta auprès du Commandeur des Croyants El Walîd, fils d''Abd el Malek, qu'il informa de cette démarche; mais le khalife lui défendit d'y donner suite : « N'expose pas à l'aveugle les Musulmans. — Émîr des Musulmans, reprit Moûsa, je n'enverrai que mon esclave Târeq avec les Berbers. S'ils sont vainqueurs, nous profiterons de la victoire; s'ils succombent, nous serons indemnes de tout dommage envers eux. » El Walîd lui ordonna alors de partir et de mettre ce projet à exécution.

Quelque temps après, Julien arriva

avec sa fille du château de *Lodrîq* (Rodrigue) à Ceuta; Moûsa se trouvait dans (la capitale de) l'Ifriqiyah. S'étant rendu auprès de ce dernier, il lui dépeignit l'état de l'Andalos, sa richesse, sa proximité; lui parla avec mépris des habitants et fit valoir combien les circonstances étaient favorables. « Je crois à ton conseil, lui dit Moûsa; toutefois la religion me fait hésiter. » Julien prit alors avec lui les hommes qui accompagnèrent Târeq et envahit à leur tête le pays : ils revinrent avec un immense butin et sains et saufs. Moûsa rassuré jugea à propos d'envoyer les Berbers sous le commandement de Târeq.

Târeq effectua son passage du côté de Ceuta et descendit à proximité de la montagne dont nous venons de parler, dans une petite île qui fait face à la ville sise au pied. C'est une petite île d'un seul mille de longueur et de largeur, et ayant pour limite un grand fleuve qui descend des montagnes de Ronda et de son territoire, montagnes nombreuses, très élevées, vis-à-vis desquelles se dressent dans le pays de Barbarie, celles d'El Fahs, d'El Habat et autres. Du nom de cette petite île, cette *'adouah* est appelée île. Toutefois le pays de l'*adouah* n'est pas une île, puisque son territoire s'étend sans interruption jusqu'au pays turc et autres contrées des infidèles, telles que la Flandre et le pays d'Italie. Il n'existe actuellement dans cette île ni habitation, ni construction.

Le port de Gibraltar est un grand port avec une large embouchure. A son entrée s'élève un château fortifié, très solidement construit et plein de munitions et de canons; car comme il domine entièrement le port, c'est le lieu où les guetteurs et les gardiens veillent pendant la nuit. Une muraille s'étend tout le bas de la montagne, allant du château jusqu'à la ville, sur une longueur d'un mille environ, et longe le bord de la mer, pour se terminer à la ville. Les navires arrivent jusqu'à celle-ci. C'est une ville de moyenne grandeur, plutôt petite; elle n'est habitée que par les soldats et les gens se rattachant à l'administration militaire. Sa situation à une extrémité (de la péninsule) et en face (du pays) de l'islamisme fait qu'il n'y a ni grands commerçants, ni habitants, comme on en trouve dans les villes civilisées où l'on va se fixer pour s'y établir. Ceuta, à cause de sa proximité, car elle est la plus voisine des villes du littoral africain (*'adouah*), pourvoit de vivres la population de Gibraltar; ces deux localités ne sont séparées que par une distance de quinze milles par mer. La surveillance et l'attention de ce littoral (espagnol) sont dirigées surtout du côté du pays barbaresque faisant face au Mont de la Conquête ; toute la vigilance des Espagnols, en effet, et leurs précautions ont ce point pour objectif, l'étude de leurs chroniques leur ayant donné la certitude que jamais invasion n'a été effectuée que de ce côté : le littoral espagnol n'a été conquis en premier lieu, et, plus tard, les souverains de notre Maghreb, que Dieu leur fasse miséricorde! n'y ont abordé que du côté situé vis-à-vis du Mont de la Conquête et en face de *Tarîf* (Tarifa).

Voici ce qui a fait donner à cette ville le nom de *Tarîf* : Pendant que Moûsa ebn Nosayr, à qui Dieu fasse miséricorde! était gouverneur de l'Ifriqiyah au nom d'El Walîd, fils d'ʻAbd el Malek, et que Târeq commandait à Tanger de la part de Moûsa, le barbare[1] Julien arriva de l'île Verte. Moûsa en informa El Walîd qui lui écrivit en réponse : « Envoie des corps détachés pour connaître le pays et n'expose pas à l'aveugle les Musulmans dans une contrée dangereuse. » Moûsa lui adressa une nouvelle lettre dans laquelle il lui disait : « Il n'existe pas de canal dans ce pays. » El Walîd répondit : « Fais-le explorer par quelques troupes de cavaliers, quand même les choses seraient telles que tu les décris. » En conséquence Moûsa expédia, à la tête de cent cavaliers et de

---

1. ʻ*Eldj*. C'est le nom donné par les Arabes à tout homme qui n'est pas de leur nation. Ce terme signifie âne sauvage, gros et robuste. Il répond au *barbarus* des Romains.

quatre cents fantassins, un homme d'entre les Berbers, qui était du nombre de ses affranchis : il se nommait Tarîf et portait le surnom d'Abou Zar'ah. Traversant (le détroit) sur quatre navires, il descendit sur le littoral de la mer, dans l'Andalos, à un endroit connu aujourd'hui sous le nom d'île de Tarîf; elle fut ainsi appelée parce qu'il avait débarqué là. De cette île, il fit une incursion sur le territoire limitrophe jusque du côté de l'île Verte (Algésiras) et, après avoir pris des captifs et fait un immense butin, il s'en revint sain et sauf.

La partie de notre pays qui fait face au Mont de la Conquête est la montagne de Bolyoûnech (la Sierra Bullones), connue sous le nom de *djébel Moûsa* (la montagne de Moïse). Cette montagne fut appelée Bolyoûnech du nom d'une ville qui s'y trouvait anciennement et où il reste des vestiges de murailles et de remparts. Les arbres qu'on y voit aujourd'hui encore sont une preuve de sa puissance. Elle est à l'ouest de Ceuta, dont deux milles environ la séparent. A l'ouest de Bolyoûnech on remarque des sources d'eau douce connues autrefois sous le nom de Source de la Vie; on prétend que c'est la Source de la Vie à laquelle but le *Khedr*[1], sur qui soit le salut! En face de ces sources est un rocher auprès duquel, affirment quelques historiens, le servant de Moïse oublia le poisson. La construction qu'on aperçoit en face de Tarîf est le petit château situé sur les frontières du pays d'Andjarah; c'est de tous les points du détroit le plus rapproché, la distance qui l'en sépare n'étant que de huit milles. J'ajouterai que la prospérité de ces districts de la côte espagnole est loin d'être comparable à la crainte et à la terreur qu'éprouvent les infidèles; en effet, entre la ville du Mont de la Conquête (Gibraltar) et celle de Tarifa s'étend un espace vide, sans aucune habitation, et un territoire vaste et spacieux les sépare.

Notre arrivée dans ce port eut lieu

---

[1]. Personnage mythique mentionné dans le Qor'ân et que les musulmans croient être Elie ou saint Georges.

dans la soirée du mercredi (au jeudi). Le jour de notre embarquement à la Qasbah d'Afrâg[1] qui domine Ceuta, nous trouvâmes dans le port un navire tout prêt, chargé de provisions et de soldats et de tous les engins nécessaires. Il avait été envoyé par le duc résidant dans la ville de San Lucar[2], sur l'ordre de son souverain. Ce duc, qui a le commandement supérieur de toute cette côte, est un des grands d'Espagne les plus notables, attendu que, chez cette nation, on n'investit du commandement de la côte limitrophe de notre pays qu'un personnage occupant un rang élevé dans la noblesse et portant le titre de duc ou de comte, et personne autre. Ce grand navire avait donc été envoyé par le duc précité par l'entremise du gouverneur de Qâlès (Cadix) ; il avait jeté l'ancre devant Ceuta, que Dieu en fasse

---

1. Afrag (*tente*), ville ou bourg qui dominait la ville de Ceuta et qui occupait probablement l'emplacement de la citadelle. (De Slane.)

2. San Lucar de Barrameda, à l'embouchure du Guadalquivir.

de nouveau une demeure de l'islâm ! Mais comme le vent d'est soufflait et qu'avec ce vent les Espagnols ne pouvaient tenir près de Ceuta ni sur la côte environnante, ils avaient ramené le navire au port du Mont de la Conquête, où ils restaient en attendant le vent qui leur permît de retourner au port de Ceuta et d'y stationner jusqu'à ce qu'ils nous eussent embarqués. Dès que nous fûmes descendus dans la plaine[1] de Ceuta, les habitants de la ville sortirent à notre rencontre en compagnie du fils du capitaine, et nous informèrent qu'on attendait l'arrivée du bâtiment, qui était au Mont de la Conquête. « Allez le chercher, leur dîmes-nous, ou bien nous traverserons le détroit sur de petits bateaux qui, à cause de leur légèreté et de la vitesse de leur marche, font rapidement le trajet. » Ils nous préparèrent alors trois petits esquifs qu'ils installèrent et chargèrent de soldats et de canons pour leur défense, et nous nous embarquâmes. Nous vo-

---

1. Litt., dans le creux (*fahs*).

guâmes à la garde de Dieu et sous sa protection pendant une demi-journée jusqu'à ce que nous arrivâmes audit port, où l'on nous transféra des petits bateaux au grand navire qui y avait été préparé pour nous. Le navire vint ancrer tout près de la ville du Mont de la Conquête et nous passâmes la nuit à bord. A minuit, le vent souffla avec violence et la mer devint très agitée : les vagues se succédaient les unes aux autres ; le navire penchait sur tribord et roulait comme une bête de somme. C'est au point que nous fûmes saisis de frayeur et d'épouvante jusqu'au lever de l'aurore. Nous autorisâmes alors le capitaine à nous reconduire à l'embouchure du port, par où nous étions entrés, cet endroit étant garanti des vents et la mer y ressemblant à un bassin. Nous jetâmes l'ancre sous le château, abrités par le Mont de la Conquête. Nous passâmes là huit jours, attendant que soufflât le vent d'est qui devait nous permettre de gagner Cadix, but de notre traversée et où les chrétiens s'étaient préparés pour nous recevoir et réunis en masse.

Durant notre séjour dans le port de Gibraltar, le qâïd (gouverneur) de la ville venait fréquemment nous rendre visite et avait soin de nous apporter chaque jour des fruits frais ou secs, en s'excusant de ne pouvoir faire davantage. Enfin un de nos compagnons sentit souffler le vent d'est le mercredi à minuit; il y avait huit jours que nous étions dans le port. Notre dit compagnon ayant souvent voyagé sur mer se connaissait en navigation. En ce moment le capitaine du navire était profondément endormi. Nous le réveillâmes et lui fîmes savoir que le vent soufflait. Immédiatement nous nous mîmes en route et sortîmes de l'endroit où nous nous trouvions. Au lever de l'aurore, nous étions par le travers de la ville de Tarifa, ville de moyenne grandeur, sur le bord de la mer, dans une plaine étendue. Elle a reçu son nom de Tarîf, qui y descendit, ainsi que cela a été mentionné ci-devant. Le point de notre pays qui lui fait face est le *qasr* (château) dont nous avons parlé.

Nous continuâmes à voguer pendant la moitié de la journée jusqu'au moment de la prière de midi. Nous aperçûmes alors la ville de Cadix, qui est une grande cité, sise sur une presqu'île, sur la mer. Une de ses parties s'étend jusqu'à la terre ferme ; elle est environnée par la mer sur environ les sept huitièmes de son périmètre. Elle possède un grand port, si vaste qu'il est impossible d'en évaluer l'étendue, et qui contient un nombre incalculable de grands et de petits navires. Comme c'est une ville considérable, il s'y rend de tous côtés des voyageurs et des commerçants; tous les vents y conduisent. Les chrétiens y viennent de tous les villages et de toutes les villes, situés dans son voisinage ou à proximité, pour y vendre, acheter, faire leurs provisions ou servir. Là se réunissent en quantité innombrable de petits navires qui y apportent des denrées et des vivres, grains, fruits, etc.

Lorsque le gouverneur (hâkem) de la ville vit ce jour-là souffler le vent qui nous amènerait, de nombreuses dispositions furent prises pour notre réception et l'on fit de grands préparatifs : on réunit l'infanterie et la cavalerie de la garnison et, sur mer comme sur terre, les canons furent chargés. Tout le monde sortit sur le rivage pour attendre notre arrivée.

Dès que nous fûmes près de la ville, à la distance de deux milles environ, un capitaine arriva vers nous dans une embarcation du gouverneur qu'il avait ornée de toutes sortes de tapis de soie et de brocart, et sur laquelle il avait arboré un des pavillons du roi. Étant monté à bord, il (nous) salua de la part de son supérieur et présenta pour excuse (de son absence) les préparatifs de notre réception. Nous descendîmes du grand navire dans la chaloupe et nous dirigeâmes vers la ville. Nous trouvâmes le gouverneur de la ville debout sur le bord du rivage ; avec lui était accourue la population entière, hommes, femmes et enfants. Il n'avait pas laissé dans la ville un seul chanteur ou musicien qu'il ne l'eût amené ; tant sur les remparts de la ville qu'à bord des grands navires, il n'y avait pas un canon qu'il ne fît tirer. Ledit gouverneur nous accueillit avec la plus grande courtoisie et se montra extrêmement heureux de notre venue. Tous les prisonniers (musulmans) que renfermait la ville de Cadix, hommes, femmes et enfants, vinrent aussi à notre rencontre ; transportés d'allégresse, ils proclamaient à haute voix la profession de foi musulmane et appelaient les bénédictions de Dieu sur le prophète, que Dieu le bénisse et le salue! en faisant des vœux pour la victoire de notre seigneur El Mansoûr billah (le secouru par Dieu). Nous leur donnâmes des conseils et leur promîmes que notre maître, que Dieu l'assiste ! ne les abandonnerait pas, tant qu'il jouirait de la faveur divine. Ce jour fut pour eux une fête à cause de la bonne nouvelle qu'ils reçurent de leur délivrance que Dieu allait leur accorder par l'entremise du seigneur El Mansoûr billah, d'autant plus qu'il était devenu certain pour eux que notre maître, que Dieu l'assiste ! n'avait d'autre but et d'autre intention en rassemblant tous les chrétiens qui étaient dans les fers, que de délivrer les Musulmans des mains de l'ennemi infidèle, puisse Dieu l'anéantir et prolonger l'existence de notre souverain!

Le gouverneur nous ayant conduits à la ville, nous mena dans une grande maison qu'il avait préparée pour notre installation ; il l'avait fournie de toutes sortes de provisions variées. Il ne cessa pas de veiller à tous nos besoins ainsi que les notables de la ville qui l'accompagnaient, pendant cette journée et toute la nuit jusqu'au lendemain. Il se mit ensuite à nous questionner sur le but de notre voyage et nous demanda si nous avions besoin de rester chez lui pour nous reposer quelques jours. Nous lui répondîmes: « Il nous est impossible de nous arrêter nulle part, tant que nous ne serons pas arrivés dans la ville où nous allons et auprès du roi vers qui nous devons nous rendre. » Il nous dit que telle était aussi la volonté de son maître et souverain. « Il est prévenu, ajouta-t-il, de votre heureuse arrivée et vous attend dans le plus bref délai. » Il fut donc convenu que nous partirions dès le lendemain. Ayant fait alors venir deux voitures, il nous fit parcourir la ville, qu'il nous montra quartier par quartier. Cadix est une ville grande et peuplée; ses marchés sont pleins de commerçants, d'artisans et de gens qui vendent ou achètent. Elle n'a pas de muraille si ce n'est du côté du port; des autres côtés, la mer lui sert de rempart; comme elle y est peu profonde et qu'il s'y trouve beaucoup de rochers, les navires ne peuvent entrer.

Le lendemain, le gouverneur et ceux qui l'accompagnaient s'occupèrent de bonne heure des préparatifs de notre départ. Comme d'habitude, tout ce qu'il y avait dans la ville de soldats, de cavaliers et d'autres gens sortirent encore pour nous reconduire. Le gouverneur avait envoyé en avant, à Chantamaria[1], un de ses officiers chargé de prévenir de notre arri-

---

1. Puerto de Santa Maria.

vée dans cette ville, afin qu'on nous préparât un logis.

Dans la matinée du jour où nous sortîmes de Cadix et pendant que nous nous occupions du départ, voilà qu'entra chez nous un prêtre chrétien de Turquie, qui avait été élevé au pays de Constantinople[1] : il nous informa de la victoire remportée, grâce à la faveur divine, par l'armée des Musulmans et nous apprit que le sultan Solyman, puisse-t-il être assisté de Dieu ! avait, avec l'aide du Tout-Puissant, délivré Belgrade ainsi que toute la province et les alentours[2] ; qu'il était fier d'en avoir renversé les remparts et s'occupait de restaurer les murailles qui avaient été détruites : il avait mis des ouvriers chargés de la reconstruction et des aides-maçons, au nombre de douze mille. Nous nous réjouîmes de la victoire que Dieu, qu'il soit exalté ! avait accordée aux Musulmans. Les chrétiens regardaient comme un haut

1. Litt., de la grande Constantine.
2. La prise de Belgrade par les Turcs eut lieu en 1690.

fait d'armes du Sultan d'avoir conquis cette ville et de l'avoir reprise par la force, et lui décernaient les plus grands éloges.

Nous sortîmes dans la direction de la mer et trouvâmes à la même place l'embarcation avec laquelle nous avions quitté le bord. Nous étant embarqués sous la sauvegarde de Dieu, nous nous dirigeâmes vers Chantamaria par mer. La distance qui sépare les deux villes est de six milles, de sorte qu'en moins d'une heure de traversée nous avions la ville sous nos yeux. Nous y trouvâmes une troupe de cavaliers au nombre de plus de cent, qui étaient venus nous recevoir : ils manifestèrent beaucoup de joie et d'allégresse. Dès que nous eûmes jeté l'ancre devant la ville de Santa Maria, nous trouvâmes sur le rivage de la mer une foule nombreuse d'hommes, de femmes et d'enfants. Le gouverneur et le qâdy (juge) de la ville étaient sortis à notre rencontre ; ils avaient fait venir deux voitures pour notre transport. A peine les eûmes-nous accostés qu'ils nous firent l'accueil le plus gracieux et le plus courtois.

Nous entrâmes dans la ville et ils nous promenèrent à travers l'ensemble de ses rues, de ses habitations et de ses marchés. C'est une ville grande, vaste, aux maisons spacieuses, et couvrant une grande étendue de terrain. Toutes ses rues sont pavées en pierres. C'est une des villes civilisées de l'Espagne et des plus fréquentées dans un but de trafic et de commerce. Avec cela, aucune muraille ne sépare la ville de la mer; il en est de même de la partie qui l'entoure du côté du continent. A son extrémité, dans la direction de la mer, on voit une grande maison dont la porte d'entrée a été bouchée; c'est la maison où descendit Ech-Cheikh, fils du sultan Ahmad *Ed-Dahaby*[1], qui

---

1. Ech-Cheikh, frère d'Abou Fâres et de Zidân, tous les trois fils du chérif du Maroc Abou'l'Abbâs Ahmad el Mansoûr mort en 1603 et surnommé *Ed-Dahaby* parce qu'il avait continuellement aux portes de son palais des milliers d'hommes occupés à battre monnaie. Ech-Cheikh ne pouvant lutter contre ses frères passa en Espagne pour demander des secours à Philippe III, qui ne lui en accorda qu'après s'être fait offrir en échange le port et la place de Larache.

entra en Espagne. Elle n'a été habitée par personne depuis lors, la coutume des chrétiens étant de respecter le logis où est descendu un roi quelconque et d'en murer la porte, de façon que personne ne l'habite plus. La porte murée indique l'événement dont il s'agit. Ils ont fait de même à Madrid pour une maison, aujourd'hui inhabitée depuis le règne de Charles-Quint. Ayant fait la guerre au roi des Français et l'ayant vaincu et fait prisonnier, il l'amena jusque dans sa capitale et sa résidence souveraine Madrid, et lui donna pour demeure cette maison. (François Ier) resta quelque temps en son pouvoir jusqu'à ce qu'il lui donnât la liberté et lui fît grâce; la maison qu'il habitait a été laissée en l'état et la porte en a été murée : elle est connue et célèbre[1].

Quand nous fûmes installés dans notre logis à Santa Maria, les habitants et les

---

[1]. Cette maison existe encore à l'extrémité de la Calle Mayor, près de la *cuesta* de la Véga; elle est connue sous le nom de *casa de los Guzmanes*.

notables de la ville vinrent nous saluer et nous souhaiter la bienvenue. Nous rencontrâmes en eux plus d'enjouement, un accueil plus affectueux et des visages plus riants que partout ailleurs. Le gouverneur et l'alcade se succédèrent sans cesse auprès de nous et nous rendirent visite, jusqu'à ce que la nuit étendît ses voiles et *laissât tomber ses colliers sur le col d'Orion*.

Dès le lendemain matin nous reçûmes la visite d'un des principaux (officiers) du duc investi du commandement de cette côte, et dont la résidence était San Lucar; il apportait les excuses du duc, qu'une maladie avait empêché de venir; nous les agréâmes.

Nous quittâmes la ville. Les habitants étaient encore accourus pour nous faire leurs adieux. Le gouverneur et le juge, ainsi que le capitaine de la cavalerie avec sa troupe, sortirent et nous accompagnèrent pendant trois milles jusqu'à ce que nous arrivâmes à une limite connue chez eux et qui divise leur province de celle de la ville de Charich[1]. Les notables mirent alors pied à terre avec tous ceux qui étaient venus nous reconduire et nous firent leurs adieux, après s'être excusés de ne pouvoir aller plus loin. « Cette limite, dirent-ils, est celle servant de séparation entre nous et le gouverneur de l'autre ville qui nous fait face. S'il nous était possible d'aller plus avant, nous aurions voyagé avec vous la journée entière en témoignage de notre considération et de notre respect pour celui qui vous envoie. *Pour une seule personne on en honore mille.* »

Nous prîmes congé d'eux et ils s'en retournèrent. Après avoir voyagé pendant quelque temps, nous atteignîmes la ville de Jerez. La ville est située au milieu d'un pays étendu, complanté d'arbres et arrosé par des rivières; on y voit des plantations d'oliviers, des jardins, des vignobles et toutes sortes d'arbres, en nombre incalculable. Jerez est une ville grande,

1. Jerez de la Frontera.

vaste et qui porte des traces d'une ancienne civilisation. Il reste des vestiges de ses remparts; mais la plus grande partie est effacée ou en ruines, attendu que les chrétiens ne se soucient pas de construire des remparts, ni de fortifier les villes, si ce n'est dans les localités qui avoisinent la mer : telles sont Cadix, du côté du port, et la ville du *Mont de la Conquête* (Gibraltar). Cette dernière est en effet fortifiée et munie d'une muraille peu élevée parce qu'elle est construite dans la mer. La ville de Jerez dont nous parlons est surnommée Jerez de la Frontera, ce qui signifie opposée; ils entendent par cette expression qu'elle est opposée au pays de l'islâm, que Dieu l'exalte ! La plus grande partie de sa population tire son origine des *Andalos* (musulmans d'Espagne) et de leurs notables qui embrassèrent le christianisme : ils sont cultivateurs et laboureurs.

Nous traversâmes cette ville dans la matinée et continuâmes notre voyage ce jour-là jusqu'à ce que nous atteignîmes, dans la soirée, une ville qu'on appelle El Bridjah (Lebrija). C'est une petite ville, plutôt habitée par des nomades. Les vestiges de ses remparts sont également en ruines et effacés. Le gouverneur et le juge vinrent à notre rencontre. On nous installa dans une maison appartenant à un de leurs grands et toute la population accourut pour nous saluer.

Dans cette ville, quelques habitants nous confirmèrent dans l'idée qu'ils descendaient des *Andalos*, à certain signe caché qu'on ne peut énoncer qu'à l'aide d'un langage couvert. Le plus certain c'est que la plupart des habitants tirent leur origine des Musulmans d'Espagne (*andalos*). Toutefois le temps s'est écoulé, et ils ont été élevés dans les ténèbres de l'impiété; par suite, l'état d'abjection, que Dieu nous en préserve ! a prévalu chez eux.

Le lendemain nous nous mîmes en route vers une ville nommée *Otrirah* (Utrera), séparée de la dernière par une contrée vaste, spacieuse, couverte de métairies et de troupeaux. La plupart des moutons de l'Andalos sont sauvages. A gauche, en allant de Lebrija à Utrera, à la distance de deux ou trois milles, on voit le *Wâdy 'l kabîr* (le Guadalquivir), qui descend de Séville et dans lequel se jettent d'autres rivières de l'Andalos. Sur le Guadalquivir voyagent les navires venant de l'Océan[1], jusqu'à ce qu'ils parviennent à Séville, après un parcours de quarante milles depuis la dite mer.

Cette ville d'Utrera est une ville moyenne, ni petite, ni grande. La plupart de ses habitants sont des descendants des *Andalos*. Nous y arrivâmes dans la soirée de ce jour. La population entière était sortie pour demander à Dieu de la pluie. Tous, tant qu'ils étaient, portaient une croix sur l'épaule. Ils nous rencontrèrent en cet état, car ils ne pouvaient rebrousser chemin. Nous logeâmes dans la ville dans une maison qui en dominait la majeure partie. Après avoir déposé leurs croix, les habitants arrivèrent également pour nous

---

1. Litt., la grande mer.

saluer; ils étaient passablement joyeux et contents. La population est composée de hauts personnages. Ce qui domine chez eux, dans l'un et l'autre sexe, c'est la beauté; j'y ai vu deux jeunes personnes, l'une, fille du gouverneur de la ville et l'autre, du juge : elles étaient extrêmement belles et parfaites à tous égards. Jamais mes yeux n'ont rencontré, dans toute l'étendue si vaste de l'Espagne, deux beautés plus achevées. Ce sont deux filles issues des *Andalos* et de la famille du dernier roi de Grenade qui fut vaincu et perdit cette ville : ce roi est connu chez eux sous le nom d'*el rey el chico*[1], ce qui veut dire le petit sultan.

Nous avons été informés dans la ville de Madrid par un personnage nommé don Alonso, petit-fils de Moûsa, frère du sultan vaincu à Grenade, que les deux jeunes filles qui se trouvent à Utrera sont

---

1. La prise de Grenade par Ferdinand le Catholique sur 'Abd Allah Zaghal (*es saghîr*) eut lieu le 2 janvier 1492. *Saghîr* signifie petit, de même que *chico*.

du sang de ce prince. Ce don Alonso est doué d'un excellent naturel ; c'est un beau jeune homme dont la force et le courage sont renommés chez les chrétiens ; il est compté parmi leurs plus braves guerriers. Il s'élance sur le champ de bataille et au milieu de la mêlée comme capitaine d'une troupe de cavaliers. Les chrétiens font l'éloge de sa bravoure. Avec cela, il a de l'inclination pour les sentiments qu'il rencontre chez les partisans de l'islamisme, cite sa généalogie et se plaît à entendre parler de l'islamisme et des Musulmans. Il nous a raconté comme le tenant de sa mère que celle-ci, pendant qu'elle était grosse de lui, eut envie de manger du *Couscousou*[1]. « Peut-être, lui dit le père, cet enfant que tu portes est-il un petit Musulman. » Il lui adressait ces paroles

---

1. C'est le mets national, comme le pilau chez les Turcs et le *coubbeh* en Syrie, des habitants des Etats barbaresques, de l'Algérie et du Maroc. Il se compose de semoule préparée d'une certaine façon et cuite à la vapeur d'eau avec du beurre ; pour le rendre meilleur on y ajoute des volailles, des pigeons, etc.

par plaisanterie, car personne ne leur reprochait leur descendance, qui était parfaitement connue, et on savait qu'ils étaient issus de la famille royale. Que Dieu nous préserve de l'abandon et de l'égarement! Nous lui demandons la (bonne) direction.

Une des plus grandes marques de gracieuseté que nous donnèrent les habitants d'Utrera fut qu'ils amenèrent chez nous, pendant la nuit que nous passâmes dans leur ville, les moines qui excellent à chanter dans leurs églises. Ils tenaient des instruments de musique, un entre autres qu'ils appellent harpe; il est garni d'un grand nombre de cordes et ressemble à un métier de tisserand. Ils prétendent que c'est là l'instrument dont jouait le prophète David, que sur lui et sur notre prophète soient la prière et le salut! J'en ai vu un de cette forme que tenait une de ces statues qu'ils placent dans leurs appartements et dans leurs maisons et qu'ils disent représenter le prophète David, sur qui soit le salut! Tous leurs récits historiques, en effet, et leurs dogmes religieux sont empruntés à la religion des enfants d'Israël et à l'Ancien Testament, à ce qu'ils prétendent, sauf toutefois ce qu'ils ont ajouté et qui forme la séparation entre eux et les juifs, les chrétiens s'étant prononcés à l'unanimité pour le Messie, d'où est venue l'inimitié qui existe entre les deux sectes. Depuis cette époque ils n'ont cessé de raconter dans leurs dogmes religieux, dans leurs croyances corrompues et dans leur égarement ce que leur relate le pape qui est à Rome, que Dieu l'envoie rejoindre (en enfer) les grands de sa nation !

De cette ville d'Utrera à la ville de *Marchînah* (Marchena), il y a vingt milles[1]; elles sont séparées par un pays vaste, spacieux, étendu et en plaine. Il n'existe dans cette partie de l'Espagne d'autres montagnes que celles que le voyageur aperçoit sur sa droite, à l'horizon, comme les montagnes d'Er-Rondah et celles qui

---

1. On compte d'Utrera à Marchena par chemin de fer, quarante-quatre kilomètres.

viennent après. Entre Utrera et Marchena est une large rivière[1] sur laquelle est posé un grand pont dont la solide construction remonte à l'époque des Musulmans. C'est sur (les bords de) cette rivière qu'eut lieu la célèbre bataille d'*Ez-Zalldqah*[2], et l'on y trouve une petite église où l'on voit figurée sur les murs la représentation de cette bataille. Marchena est aussi une ville de moyenne grandeur et portant des traces d'ancienne civilisation. Aujourd'hui elle se rapproche plutôt de l'état nomade. Ses habitants sont des gens affables; il en est parmi eux qui rapportent leur origine aux Musulmans d'Espagne.

De Marchena à la ville d'*Azīkhah* (Ecija) il y a vingt-un milles[3]. La contrée qui les sépare est étendue, spacieuse, pleine de jardins et de vergers. L'olivier y est l'arbre dominant. Depuis Marchena, dans la direction d'*Ysika* (Ecija) jusqu'à

1. Le Guadaira.
2. *Error grande*, porte en note le ms. de M. de Gayangos.
3. Quarante-quatre kilomètres par chemin de fer.

la distance de huit milles, tout est complanté d'oliviers. Chaque bois d'oliviers contient une maison pour enfermer les olives et servir d'habitation aux gens qui leur donnent leurs soins. De même dans la partie qui suit Ysika, sur le chemin de Marchena, on trouve encore des oliviers sur un parcours de huit autres milles, à droite, à gauche, derrière, devant; car l'Andalousie est la partie de l'Espagne où l'on rencontre le plus d'arbres et d'oliviers. Près de la ville d'Ysika, au sommet d'une colline qui domine la ville, se trouvent des vestiges d'une ancienne construction assez importante : on a prétendu que c'était le tombeau d'un dévot musulman auquel on attribuait une grande puissance de miracle, et c'est pourquoi l'on n'y avait pas touché.

Lorsque des hauteurs où nous nous trouvions nous aperçûmes la ville d'Ecija, nous jouîmes d'un spectacle dont la beauté et la splendeur ne sont égalées par aucune autre des villes d'Espagne. Elle est située dans une plaine, sur le bord d'une rivière appelée *Wâdy Chanîl* (le Genil) et à laquelle les chrétiens continuent à donner son premier nom accoutumé. C'est une grande rivière qui descend de Wâdy Ach (Guadix); le *Wâdy Chanîl* passe à travers le territoire et les montagnes de Grenade. Ses bords sont couverts d'un nombre incalculable de maisons de plaisance, de jardins, de vergers, de moulins et de toutes sortes de plantations. Dans le reste de l'Espagne, nous n'avons pas découvert de spectacle plus ravissant. La ville, sise sur le bord de cette rivière, avec les jardins, les lieux de plaisance et les maisons placées au milieu des jardins, ressemble à un firmament entouré de ses étoiles. En admirant la beauté de cette rivière et son merveilleux et ravissant aspect, je me suis rappelé ces vers de Hamdah l'andalouse, la femme poète, que Wâdy Ach a vu naître[1].

---

1. Ebn el Khatîb (ms. de M. de Gayangos, fol. 125. rect.) consacre un article à cette femme sous le titre de *Hamdah, fille de Zyad el Mokattab*: « Elle habitait le Wâdy' l djommah, dans le vil-

« Mes larmes ont dévoilé mes secrets sur un Wâdy qui porte des traces visibles de beauté.

« Quel fleuve circule dans chaque jardin ! De quel jardin est bordé chaque fleuve !

« Au milieu des jeunes faons, une antilope des sables a captivé mon âme ; elle avait déjà ravi mon cœur.

« Elle a un regard qu'elle assoupit pour quelque chose, et ce quelque chose m'empêche de dormir.

« Lorsqu'elle laisse flotter sur elle sa chevelure, je vois la pleine lune au milieu de noirs nuages[1]. »

lage de Bâdy, dépendant de Wâdy Ach. Abou'l Qâsem a dit d'elle qu'elle était très belle, poète et écrivain. Voici un fragment célèbre de ses poésies (les cinq vers ci-dessus et un sixième). Abou'l Hasan ebn Sa'îd a dit, à propos de Hamzah (lisez Hamdah) et de sa sœur Zaynab : C'étaient deux femmes poètes très versées dans la littérature, belles, riches, instruites, chastes ; toutefois l'amour des belles-lettres les portait à fréquenter les littérateurs, mais elles conservèrent une chasteté reconnue et une pureté incontestée. »

1. Ebn-el-Khatib ajoute à ces vers qui con-

Cette Hamdah est une des poétesses de l'Andalos; sa biographie est connue et tient sa place parmi celles des poètes et des poétesses de *l'‘Adouah*. C'est elle qui a composé ces vers :

« Et quand les intrigants ont tout refusé, à l'exception de notre mort, car ils n'ont à redouter ni ma vengeance, ni la tienne;

« Qu'ils ont lancé leurs bandes pour saisir nos entretiens, et que mes défenseurs et mes soutiens se sont alors trouvés en trop petit nombre;

« Je les ai vaincus avec mon regard par les larmes, et de moi-même avec le sabre, le carnage et l'incendie[1]. »

Témoin de la beauté de cette ville et de son magnifique panorama, j'ai ajouté aux deux vers d'El Djazîry, qui m'ont servi de modèle, deux autres vers de ma composition :

---

tiennent quelques variantes, celui-ci : « On dirait que le matin a perdu un frère et que, dans sa douleur, il éclaire lentement sa marche solitaire. »

1. Ces vers sont également donnés par Ebn el Khatib avec des variantes.

« J'ai juré, quand j'ai vu les beautés de cette ville, que l'imagination ne pouvait s'en représenter une pareille.

« On dirait un firmament dont les astres se meuvent tout autour. Elle s'élève au milieu de la terre habitée par les nomades et par les peuples policés.

« Que Dieu la délivre, afin que la religion du Gardien par excellence (Dieu), l'objet des désirs les plus élevés, y soit pratiquée,

« (Qu'il la délivre) par la main de quelqu'un qui répartit exactement les récompenses, est agréable à Dieu et tire son origine de la plus éminente des créatures[1]. »

Quand nous nous trouvâmes près de la ville, le gouverneur sortit dans une voiture[2], accompagné de ses fils et de quelques-uns des officiers, montés sur de petits chevaux lui appartenant et qu'il

---

1. L'ambassadeur exprime ce vœu en faveur du sultan du Maroc, descendant d'El Hosayn, fils d''Aly et de Fâtémah, fille de Mahomet.

2. *Kodcheh*, c'est le mot espagnol *coche*.

prétendait — prétention bien contraire à la vérité — être des meilleurs et des plus rapides de l'Andalos. Il vint à notre rencontre hors de la ville et nous souhaita la bienvenue avec infiniment de courtoisie et d'amabilité. Nous ayant conduits en ville, il nous promena à travers ses marchés, ses places et ses rues. C'est une ville civilisée, ni petite ni grande; elle est très propre et les habitants sont doués de bonté et de beauté. Au milieu se dresse la mosquée-cathédrale qu'elle renferme. Ce monument, de moyenne dimension, admirable de formes, solidement construit et dont le parvis est complanté d'orangers, remonte au temps des Musulmans et est encore tel qu'il était. Le gouverneur de la ville nous conduisit ensuite à sa demeure, grande et vaste maison, où il nous reçut très bien et nous prodigua les marques de considération, ne manquant à aucune de ses obligations soit dans sa conduite correcte, soit dans son langage. Nous passâmes cette nuit chez lui.

Le lendemain nous quittâmes la ville

et, à son extrémité, nous trouvâmes un pont merveilleux sur lequel s'élève la porte de cette ville. Sous le pont l'on voit des moulins et des constructions en grand nombre. De cette ville nous arrivâmes à Cordoue.

Cordoue est une grande cité, une des capitales de l'Espagne. Elle était autrefois une résidence royale. C'est là que résidaient les gouverneurs de l'Andalos, avant l'entrée d''Abd er-Rahman[1], fils de Mo'âwiah. En l'année 168, 'Abd er-Rahman se transporta d'Er-Résâfah[2], où il habitait, à Cordoue, et fit de cette dernière ville le siège de son empire et la capitale de sa souveraineté et de son khalifat; elle fut la résidence des princes Omayyades depuis le règne d''Abd er-Rahman *ed-dâkhel* et d'autres parmi ses prédécesseurs et ses

---

1. 'Abd er-Rahman Ier régna de l'année 138 à l'année 172 de l'hégire (756-788 J. C.)

2. Le *Marâsed* orthographie ce nom *Er-Rosâfah*. Plusieurs localités ont été ainsi appelées, entre autres la Rosâfah de Cordoue, ville que construisit 'Abd er-Rahman ebn Mo'âwiah ebn Héchâm à Cordoue.

successeurs. La ville est située au pied d'une montagne qui s'appelle *Sierra Morena* et sur la rive du fleuve nommé le *Wády'l Kabîr* (Guadalquivir) qui descend des montagnes de *Bayása* (Baeça), des montagnes de *Djayán* (Jaen) et d'autres. Les chrétiens donnent au fleuve le même nom qu'il portait pendant la domination musulmane. C'est le plus grand de l'Andalos entière; tous s'y réunissent. Il passe à Séville et se jette dans la mer à San Lucar. Au dehors de la ville de Cordoue, on voit un nombre incalculable de vergers, de jardins et de toutes sortes de vignobles.

Quand nous fûmes près de la ville, les habitants sortirent à notre rencontre, ainsi que tous les prisonniers qu'elle renfermait et qui proclamaient à haute voix la profession de foi musulmane et faisaient des vœux de victoire pour notre maître El Mansoûr billah. Les enfants des Chrétiens répétaient les mêmes cris que les Musulmans. Lorsque nous eûmes pénétré dans l'intérieur, nous trouvâmes une cité grande, populeuse et où s'exerçaient toutes sortes d'arts et de métiers. La plupart des marchands sont des femmes. Nous logeâmes dans la maison du gouverneur.

Le lendemain nous quittâmes Cordoue après avoir examiné en détail sa grande mosquée-cathédrale si célèbre et dont la renommée s'étend au loin. C'est une mosquée immense, très solidement bâtie et dont la construction est d'une grande beauté. Elle contient trois cent soixante colonnes, toutes en marbre blanc; entre chaque deux colonnes est un arc surmonté d'un autre arc. Elle a actuellement quatorze portes; beaucoup d'autres ont été bouchées. Son *mehrâb*[1] est resté tel quel, sans changement; rien n'y a été changé

---

1. On sait que le *mehrâb* (de la racine *haraba*) est la niche vers laquelle se tournent les Musulmans quand ils disent la prière dans les mosquées; il indique la direction de la Mekke. Dans le *Guide en Espagne*, M. de Lavergne, peu versé dans la religion et la langue des Mahométans, dit que ce mot « est une corruption du vocable arabe *min Rabb* qui signifie à peu près, la demeure de l'esprit de Dieu ou du Prophète » !

comme construction par les Chrétiens, si ce n'est qu'au-dessus ils ont établi une fenêtre grillée en cuivre et que devant ils ont placé une croix. Personne n'y pénètre que ceux chargés du soin de cette croix. Rien, soit peu, soit beaucoup, n'y a été ajouté tant dans l'intérieur qu'à son mur. Cette mosquée a une très grande cour avec un bassin au milieu; tout autour de la cour sont plantés cent dix-sept orangers. A l'emplacement du *mehrâb* fait face, dans la cour, le minaret de la mosquée. C'est un grand minaret tout bâti en pierres; il n'est pas aussi haut cependant que ceux de Tolède et de Séville. Il est construit au dessus de l'une des portes de la mosquée qui fait face à l'emplacement *de la chèvre* (*'anzah*). Le plafond et les portes de cette mosquée sont restés dans leur état primitif, sans autres constructions nouvelles que celles commandées par la nécessité telles que les réparations ayant pour but d'empêcher le plafond de s'écrouler et autres du même genre. Les Chrétiens ont fait une innovation au milieu de la mosquée. A l'opposite du *mehrâb*, ils ont construit une grande pièce carrée surmontée d'une coupole et ornée de fenêtres grillagées en cuivre jaune. A l'intérieur de cette salle, ils ont placé une de leurs croix et les livres de leurs prières qu'ils chantent avec accompagnement de musique, et autres (objets) semblables. Les portes de la mosquée sont telles qu'elles étaient, avec leur construction primitive et leurs inscriptions arabes sculptées. En face de cette mosquée s'élève la grande *qasbah*, qui servait de palais au roi de Cordoue et du reste du royaume de *l''a-douah*, alors que celui-ci était réuni sous un même sceptre et avant l'avénement des petits dynastes (*moloûk et-tawâif*). Nous demandons à Dieu, qu'il soit exalté! d'en faire de nouveau une demeure de l'islâm par les mérites de son prophète, sur qui soit le salut! Les murs de la *qasbah* se sont conservés aussi beaux que par le passé; ils sont aussi élevés et se dressent dans les airs à la hauteur de la mosquée. La construction de cette mosquée est si élancée et ses murailles montent si haut dans l'espace qu'on a étayé l'extérieur des murs au moyen de piliers construits en pierres et placés en dehors du mur même. Entre chaque deux piliers est un intervalle (plein) de dix coudées, destiné à consolider les murailles de la mosquée et à les soutenir. Tout autour de la mosquée s'élève une construction à hauteur d'homme faisant saillie comme un balcon et préservant le mur. Cette mosquée est une des plus belles de l'islamisme; la célébrité dont elle jouit nous dispense de nous étendre sur sa description. Elle a, a-t-on dit, les dimensions du *Mesdjed el aqsa*[1]. J'ai copié dans le livre intitulé *Nozhat el mouchtâq fi dekr el amsâr wa'l beuldân wa'l madâïn wa'l afâq*[2] le passage dans lequel l'auteur fait mention du *Mesdjed el aqsa* et où il

1. A Jérusalem. Cf. ma traduction de Moudjîr ed-dîn : *Histoire de Jérusalem et d'Hébron*. Paris, Leroux, 1876.

2. Hâdji Khalifah donne à cet ouvrage, qui est sans doute celui que nous connaissons sous le nom de *Géographie d'Edrisi*, le titre de *Nozhat el mouchtâq fi ekhtérâq el afâq*.

décrit ce monument, jusqu'à ces mots : « Il n'y a pas dans l'univers entier de mosquée aussi grande, si ce n'est la mosquée-cathédrale qui se trouve à Cordoue, dans l'Andalos. A ce qu'on rapporte, le plafond de la mosquée de Cordoue dépasse dans ses dimensions celui de la mosquée *el aqsa*; et la cour du *Mesdjed el aqsa* occupe en superficie deux cents brasses de long sur cent quatre-vingts brasses de large[1]. »

Dans les environs de la ville de Cordoue, sur la rive du fleuve, existent en nombre incalculable, des champs de culture et des pâtures (*'azāïb*) pour l'élève des chevaux ; car les chevaux du territoire de Cordoue et de ses environs dans la contrée andalousienne sont, aux yeux des Chrétiens, les plus beaux de l'Espagne entière avec toute son étendue. C'est pour ce motif que le monarque espagnol défend d'y faire couvrir les juments par des ânes, et un châtiment sévère attend celui qui contrevien-

---

[1]. Cette citation ne se trouve pas dans la traduction d'Edrisi par Jaubert.

drait à cette défense : ses biens seraient confisqués ou bien il serait emprisonné ou subirait une autre peine. La production des mulets a lieu chez eux dans une contrée connue sous le nom de Manche, ce qui veut dire signe (*'alâmah*). La Manche est un très vaste pays, de six jours de marche. Le sol en est rude, pierreux ; il ne produit que l'absinthe (*Chîh*) et autres plantes sèches. Cette contrée sépare l'Andalousie de la Nouvelle-Castille. Les mulets y ressemblent ou à peu près à ceux de la Syrie.

La population de Cordoue est adonnée au labourage et à l'agriculture. Le pays andalousien tout entier est peu fourni d'eau à l'exception des fleuves susmentionnés qui le traversent. Les habitants ne se donnent pas la peine d'établir des *sâqiah*[1] et de tirer l'eau, toutes leurs cultures se faisant en terrains qui n'exigent

---

1. Roue mue par une bête de somme et qui, munie de godets, fournit en tournant l'eau pour arroser. Il en existe un grand nombre en Egypte.

pas l'irrigation artificielle. Nous entendons dire toutefois qu'à Grenade et dans ses environs les eaux abondent et courent de tous côtés.

Le fleuve est traversé par un grand nombre de ponts très bien construits. A la porte de la ville de Cordoue il en est un grand au-dessous duquel on voit des vestiges d'un autre pont. On prétend que le plus bas est celui qu'établirent les Musulmans; détruit par le courant, il y a environ dix ans aujourd'hui, les chrétiens ont élevé un peu au-dessus un autre pont nouveau, composé de dix-sept arches.

De Cordoue à une ville qu'on appelle El Carpio, on compte quinze milles. C'est une petite ville située sur une élévation du terrain, également à proximité du Guadalquivir. Sur le fleuve sont installées des machines à irrigation (*dawâlib*) et des norias (*nawâ'ir*) qui font monter l'eau du fleuve jusqu'à des jardins groupés au-dessous de la ville. Les habitants sont laboureurs et agriculteurs; ce sont presque des nomades. Sur les deux rives du fleuve on aperçoit un très grand nombre de hameaux et de villages.

De cette ville d'El Carpio à celle qu'on appelle Andujar, il y a vingt et un milles[1]. Andujar est une ville ancienne où l'on trouve des traces de civilisation. Elle est également située sur la rive du Guadalquivir. Ce fleuve est traversé, près de la ville, par un grand pont de l'époque des Musulmans. La plaine (*fahs*) est couverte d'un nombre infini de champs d'oliviers, de plantations, de jardins et de terres labourées. Ses habitants sont laboureurs et agriculteurs. Selon toute probabilité, la population d'Andujar est issue des Musulmans d'Espagne (*Andalos*), et le plus grand nombre descend des *Oulâd es-Sarrâdj* (Abencérages) qui avaient embrassé le christianisme sous le règne du sultan Hasan, dernier roi de Grenade. A ce que prétendent les chrétiens et d'après ce qu'ils rapportent dans leurs chroniques, un des

---

1. On compte par le chemin de fer quarante-neuf kilomètres.

Oulâd ebn Zekry, les Grenadins, à Grenade, avait dénoncé au roi un des Oulâd es-Sarrâdj en l'accusant d'entretenir des conversations et des relations avec la femme du fils du roi. Le roi étant entré dans une violente colère contre les Oulâd es-Sarrâdj qui étaient avec lui à Grenade en fit mettre à mort plusieurs d'entre les chefs. Les Abencérages formaient jusqu'à cette époque la plus forte armée des Musulmans. Andujar, leur ville, resta en leur possession après la conquête de Grenade et de son territoire par les infidèles : ils luttaient pour la défendre et repoussaient les envahisseurs. Aussitôt qu'ils eurent reçu la nouvelle des meurtres commis sur leurs frères à Grenade, poussés par le sentiment de leur honneur outragé, par la honte, la colère et la fureur, ils montèrent à l'instant même à cheval et se rendirent auprès du prince (chrétien) alors régnant. Après avoir embrassé le christianisme entre ses mains, ils sortirent de son palais, se dirigeant vers Grenade qu'ils attaquèrent. Ils assistèrent ensuite avec le roi aux batailles qui se livrèrent à Grenade et sur son territoire. Que Dieu nous préserve de l'erreur après la croyance véritable et de l'égarement après la vraie direction !

La plupart des descendants de ces (Musulmans) christianisés qui sont à Andujar comptent parmi les nobles de la ville; toutefois leur noblesse n'est pas considérée l'égale de celle qui passe en héritage aux chrétiens de père en fils, comme les titres de duc, de comte et autres semblables. Toute la noblesse dont ils jouissent aujourd'hui consiste pour les descendants des Abencérages devenus chrétiens à se transmettre par héritage le privilège de porter sur l'épaule une croix dessinée sur le vêtement dont ils s'enveloppent. Tel est le signe auquel se distinguent les nobles parmi eux. Les fonctions dont sont investis les restes de cette famille sont la secrétairerie, le gouvernement des villes, la police et autres n'ayant ni une grande importance ni une puissante autorité, telles que le commandement des armées et le gouvernement des grandes provinces ou des villes capitales comme Séville et autres du même rang. Quoi qu'il en soit, ces gens-là sont très nombreux dans ces districts : leur nombre est incalculable. Parmi eux, les uns revendiquent cette généalogie et d'autres, non. Il en est même qui ont horreur d'en entendre parler. Ceux qui répudient cette descendance et se refusent à la reconnaître se prétendent originaires des montagnes de la Navarre, montagnes éloignées de la Castille et où s'étaient réfugiés les débris des chrétiens lors de la conquête de l'Andalos par les Musulmans. Ils s'enorgueillissent de rapporter leur origine à ces montagnes et au territoire limitrophe. Les descendants de ces anciens Musulmans actuellement investis d'une fonction gouvernementale ne repoussent pas leur généalogie.

J'ai rencontré un jour à Madrid un personnage dont le nom m'échappe en ce moment : il était dans une voiture lui appartenant et plusieurs dames, les unes jeunes, les autres âgées; mais toutes d'une grande distinction et d'une beauté remarquable, l'accompagnaient. Il s'arrêta et, après nous avoir salués à plusieurs reprises, il nous témoigna, ainsi que les dames qui étaient avec lui, beaucoup d'affabilité et de prévenances. Nous répondîmes comme nous le devions à sa courtoisie. Lorsqu'il voulut partir, il se fit connaître, en disant : « Nous sommes de la race des Musulmans, de la descendance des Oulâd es-Sarrâdj. » Dans la suite je m'informai de lui et il me fut répondu qu'attaché au ministère d'État en qualité de secrétaire, c'était lui qui était chargé de lire les requêtes, les pétitions et autres pièces du même genre.

De même un certain nombre d'habitants de Grenade, investis dans cette ville de charges et de fonctions, avaient leur résidence à Madrid. Ils venaient nous voir en compagnie de don Alonso, un des descendants du roi de Grenade; ils faisaient remonter leur origine à la race qui était à Grenade. La perversité s'est emparée d'eux. Que Dieu nous en préserve !

Parfois ils nous posaient des questions sur la religion de l'islâm et sur des points s'y rattachant. Quand ils entendaient nos réponses, relativement aux dogmes religieux, aux lois de la purification, base de l'islamisme, etc., ils étaient émerveillés de ce qu'ils entendaient, y prêtaient la plus grande attention et en faisaient l'éloge en présence des chrétiens, sans se préoccuper de l'assistance. Ils ne cessèrent, durant notre séjour dans la ville de Madrid, de nous faire de fréquentes visites et de venir régulièrement nous voir. Ils nous montraient beaucoup d'amitié et d'affection. Nous demandons à Dieu, qu'il soit exalté! de les conduire dans la droite voie et de les guider vers la religion solide.

De cette ville d'Andujar à une ville qu'on appelle Linarès, il y a vingt-quatre milles. A une distance de trois ou quatre milles de la ville d'Andujar, on se sépare du Guadalquivir, qu'on laisse sur sa droite, au point où l'on descend des montagnes. Linarès est une ville moyenne, ayant conservé des vestiges d'une ancienne civilisation. La majeure partie de ses habitants se compose des descendants des Andalos. En dehors de la ville existent de nombreuses mines de plomb[1]; ce métal est transporté dans beaucoup de villes d'Espagne.

Quand nous arrivâmes à Linarès, les habitants vinrent au-devant de nous, suivant la coutume, pour nous saluer. Nous vîmes aussi venir plusieurs moines qui nous présentèrent leurs salutations et nous demandèrent, au nom des religieuses, d'aller les visiter. Nous leur promîmes notre visite pour le lendemain. Etant sortis de la ville, dans la matinée, nous allâmes frapper au couvent où elles étaient enfermées. Nous fûmes introduits : nous les trouvâmes dans une maison contiguë à une église et séparée d'elle par un grillage en cuivre, d'où elles pouvaient voir l'église et entendre la messe. Ces

---

1. Les importantes mines de sulfure de plomb et de cuivre de Linarès appartiennent actuellement à l'Etat, qui les fait exploiter.

religieuses sont extrêmement gardées et enfermées. On y rencontre depuis la jeune fille de sept ans jusqu'aux vieilles les plus âgées ; toutes sont vierges. Leur coutume à cet égard est que toute personne ayant envie de se faire religieuse et d'embrasser la vie dévote entre dans le couvent installé dans ce but, qu'elle soit jeune ou vieille, après avoir juré et rendu témoignage qu'elle n'a choisi l'entrée dans cet établissement qu'une fois éteints en elle tous désirs et besoins mondains, et qu'elle n'éprouve aucune passion pour un homme, ni velléité de voir, d'entrer ou de sortir. Elle est alors admise au couvent et revêt un habillement grossier. Celles qui ont de la fortune touchent leurs revenus par acompte ; celles qui en sont dépourvues servent les autres et vivent avec elles, ou bien elles sont entretenues sur la dotation qui leur est affectée. Dans ce couvent destiné aux religieuses, appelées en langue européenne *monkâs*[1], il ne pénètre abso-

---

[1]. C'est l'espagnol *monjas*.

lument aucun homme. Elles ont des vieilles chargées de les garder. Ainsi, l'une d'elles est-elle atteinte d'une maladie qui nécessite la présence du médecin, celui-ci est appelé et il n'arrive auprès de la malade qu'escorté de quatre vieilles, l'une à sa droite, l'autre à sa gauche, la troisième derrière et la quatrième devant lui. Elles l'entourent aussitôt qu'il franchit la porte du couvent et ne le quittent qu'à sa sortie. L'entrée d'une femme au couvent équivaut à sa mort, attendu qu'elle n'a plus besoin de rien. Toutefois celle d'entre elles qui entre encore jeune, avant la puberté, y reste jusqu'à l'approche de l'âge pubère. Elle est alors consultée et entièrement libre de choisir. Si elle préfère cet établissement, qu'elle l'aime mieux et dise : « Je n'ai aucun désir de sortir ni de me marier, » après qu'elle a été laissée seule pour réfléchir, sa décision est constatée par témoins et on prend d'elle des promesses et des engagements attestant qu'elle demeure là de son propre gré et qu'il ne lui reste plus ni attachement ni sympathie pour aucune des choses du monde. Aime-t-elle mieux sortir et se marier, il n'est mis aucun empêchement à son choix et sa demande est accueillie. Il en est qui préfèrent rester au couvent à cause de l'habitude qu'elles en ont prise; d'autres, en agissant ainsi, s'imaginent suivre la meilleure voie; d'autres encore redoutent d'être blâmées et honnies pour être sorties après avoir été considérées comme religieuses. Le motif le plus fort de leur entrée au couvent est le manque de dot à donner à un mari. Il est, en effet, dans la coutume des chrétiens que la femme fournit la dot de chez elle. Il s'est établi sur ce point une telle rivalité que, par suite, nombre de personnes ne peuvent la donner, à l'exception de celles qui jouissent d'une grande opulence ou acquièrent une grande succession, et elles entrent dans cet établissement, fondé dans ce but, lorsqu'elles ne se trouvent pas suffisamment riches. Parmi ces religieuses on rencontre aussi des personnes appartenant à la plus haute noblesse et possédant une fortune considérable : elles prétendent se consacrer à la vie dévote et abandonner les biens de ce monde, leur rang, leurs titres, qu'elles laissent à d'autres de leurs sœurs ou de leurs parentes, pour entrer au couvent. La plupart d'entre elles sont vierges. Il en est que leur père ou leur mère désire garder à l'abri des dangers du monde et de l'opprobre des passions : on les enferme donc dans ce couvent à l'effet de les sauvegarder et de les préserver jusqu'au moment de leur mariage, et on les fait alors sortir. C'est ainsi que j'ai vu dans une maison de religieuses de la ville de Séville, une jeune fille remarquable par son extrême beauté, sa taille bien proportionnée et son gracieux et frais visage : elle avait quatorze ans ou à peu près. Son costume différait de celui des religieuses. Comme je m'enquis d'elle et du motif de la différence de son costume, qui n'était pas le même que celui des autres religieuses, elles me répondirent qu'elle avait été mise là pour être gardée et préservée jusqu'à son mariage. Son père la leur avait confiée pendant qu'elle était encore à la mamelle, âgée de vingt mois. Ces religieuses ont des opinions et des pratiques qui s'éloignent de celles des moines. Il existe parmi elles un ordre appelé *Al Amakâlsoûs*. Leur règle monacale est de ne gagner et thésauriser ni une pièce de cuivre, ni une monnaie d'or. Elles vivent d'aumônes que les chrétiens prétendent être la (véritable) aumône.

De même, il existe un ordre de femmes ayant une règle de vie ascétique très rigoureuse; elle consiste en ce que, dès son entrée dans le couvent connu pour appartenir à cet ordre, la femme prend les engagements les plus formels et jure qu'elle renonce absolument au monde e à tout intérêt terrestre, et qu'elle ne regardera plus personne autre que ses compagnes du couvent, au point que, si son père ou sa mère désire la voir, elle doit se couvrir le visage d'un voile qui l'empêche de les regarder. Contrairement à ce qui se passe dans les autres ordres, ces religieuses sont méprisées et vivent dans la misère. Même les fenêtres grillées qui les séparent de l'église et d'où elles entendent l'impiété, sont excessivement étroites et dans un lieu obscur; en outre, la fenêtre est garnie extérieurement, du côté de l'église, de fers crochus, de pointes acérées et de nombreux clous qui empêchent d'en approcher, quoique le grillage soit très serré, de peur que personne ne s'avance jusque-là. La fenêtre est petite et placée dans un endroit obscur afin que de là elles ne voient rien et ne soient point vues. Les religieuses de cet ordre établies dans la ville de Carmona demandèrent à nous voir et le gouverneur nous pria de nous rendre auprès d'elles. Nous les trouvâmes dans l'état que je viens de décrire, plongées dans la malpropreté et la misère. Quand la conversation se fut établie entre nous et que nous voulûmes partir, l'une d'elles dit : « Que signifie cette phrase : *Que Dieu nous conduise ainsi que vous dans la voie du salut?* Ne savons-nous pas certes où l'on nous conduit[1] ? » A la géhenne, lui répondis-je ? Quel détestable dénouement ! »

Cet ordre vit dans la malpropreté et est voué à la vie monacale la plus sévère. Quant aux autres religieuses, elles passent leur vie, il est vrai, emprisonnées, ne sortent jamais ni ne se marient, sont réglées dans leur costume et subissent d'autres privations mondaines. Néanmoins il y a loin de ces ordres à l'ordre rigide dont nous parlons. Les autres religieuses suivent les pratiques des moines en ce qui regarde la malpropreté et la richesse. Il est tel moine, en effet, que tu trouves ayant embrassé cet état comme un moyen d'arriver aux biens de ce monde et de les amasser; car, s'il a quelque influence auprès du gouvernement, il touche sur les revenus de la dotation des milliers (d'écus) destinés, suivant lui, à le faire vivre. Il en est qui ont pris l'habit pour se reposer des peines et des fatigues du monde; le repos leur suffit. D'autres s'en servent en

1. Qor'ân, surate LVIII, verset 9.

guise de bouclier qui les cache et les protège, en même temps qu'il les met à l'abri des propos des gens, attendu que personne ne peut dire quoique ce soit d'un moine, ni l'accuser d'une vilaine action, en eût-il été le témoin et l'eût-il constatée. Ces hommes sont les égarés, les pauvres, les dévoyés du chemin de la vérité. Ils se sont égarés et ont égaré les autres. Que Dieu en débarrasse la terre et la remplisse de l'invocation perpétuelle de son nom ! Les circonstances nous ont entraîné à ces réflexions.

Revenons maintenant à la description de la ville de Linarès où nous avons vu ces religieuses. Ainsi que nous l'avons dit, c'est une ville de moyenne grandeur et conservant des vestiges de civilisation. Ses habitants sont affables. Par suite de leur affabilité et de leurs habitudes hospitalières, tous, hommes et femmes, se rassemblèrent et apportèrent des instruments de musique. Ils ont coutume de danser, homme et femme ensemble. Ainsi, l'homme qui désire danser se lève et choisit sa danseuse, jeune ou âgée ; il la salue en ôtant le chapeau qu'il a sur la tête et lui donne la main en signe d'accord ; elle ne peut absolument refuser. Les habitants de cette ville sont pour le plus grand nombre adonnés au labourage et à l'agriculture. Il n'y existe aucune maison de commerce, ni aucun objet de trafic, car elle n'est pas comptée parmi les cités civilisées.

De cette ville de Linarès (nous nous dirigeâmes) vers le hameau de *Torry Kouân Abdn* (Torre Juan Abad), qui est un grand hameau dont les habitants sont plutôt nomades. Leur genre de vie est semblable à celui de nos Berbers qui habitent les montagnes de Fahs et leurs environs. Ils sortirent à notre rencontre le jour de notre arrivée chez eux ; une bande de leurs femmes tenaient à la main des espèces de guitares (*mazâhir*) et des tambours de basque, suivant la coutume des Berbers de notre pays. Leur chant diffère de celui des chrétiens qui habitent les villes civilisées. Nous fîmes notre entrée dans ce hameau le jour de notre départ de Linarès, jour où nous quittâmes la contrée appelée Andalousie pour entrer dans la Manche, dont nous avons déjà parlé et qui est un pays rude, montagneux, plein de pierres et de sentiers raboteux, de marais aux épais fourrés, d'arbres et de rivières desséchées ; car cette région nommée Manche est une contrée très sèche où il ne pousse que de l'absinthe. C'est surtout un pays sec relativement à l'Andalousie ; il est presque entièrement dépourvu d'eaux ; sa terre est rouge et ses villes sont dans un état primitif, contrairement à ce qu'on trouve dans l'Andalousie.

Du hameau de Torre Juan Abad, le mot *torre* veut dire « tour, » nous arrivâmes à une maison disposée pour recevoir les voyageurs, près d'une ville qu'on appelle *Chokalânah* (Socalana) ; car celle-ci est située au pied d'une montagne et écartée de la route. Telles sont les coutumes espagnoles dans toute cette province d'Andalousie et autres lieux du pays de l'*adouah* : à chaque deux ou trois étapes, ils établissent un *fondoq* (hôtellerie) ou une maison propre à loger les hôtes et les voyageurs. Quand le voyageur arrive dans l'un de ces établissements, il y descend et trouve telle nourriture qu'il désire, à des prix variés, suivant ses moyens de fortune ; il trouve aussi du fourrage pour ses montures et un lit pour lui. Il mange, se repose et nourrit ses bêtes, si c'est pendant le jour. Si la nuit est venue, il n'a qu'à parler et à faire connaître ce qu'il préfère et désire. Quand il veut partir, la femme ou la fille de celui qui est chargé du *fondoq* ou de la maison installée pour les voyageurs vient à lui tenant à la main une note sur laquelle elle a calculé le prix de sa nourriture et de l'entretien des bêtes de somme, le loyer de la chambre et du lit. Il ne peut refuser de donner tout ce qu'on lui a compté, sans éplucher la note, le maître de l'hôtellerie ou de l'établissement payant au roi pour cette installation une redevance déterminée. Aussi ne rencontre-t-on aucun voyageur en ce pays, son trajet soit-il court ou long, qui passe la nuit en pleine campagne ou qui fasse la sieste là où l'envie l'en prend. Le voyage ne s'accomplit que dans un temps donné, pour un parcours fixé, attendu qu'en partant il sait qu'il fera la sieste dans tel endroit et passera la nuit dans tel autre. Le voyageur ne porte avec lui, pendant la durée de son voyage, ni provisions, ni aliments quelconques ; il n'a besoin que de se munir d'argent pour ses dépenses. Ces dépenses sont très fortes à cause des prix toujours élevés. Ainsi tu rencontres en Espagne tel homme désirant vivre sans aucun excès dans le boire ni le manger et recherchant l'économie sans prodigalité. Eh bien ! malgré tous ses efforts, un écu ne lui suffit pas. Quant à ceux qui aiment à faire bonne chère, leurs dépenses sont très grandes, et ils ont besoin de beaucoup d'argent.

En dépit de cette prospérité et du grand nombre de hameaux, villages et villes qui existent en Espagne, personne ne peut voyager seul pendant la durée des travaux agricoles dans la Sierra Morena et dans toute la province de la Manche, tant est grande la crainte qui y règne, tant il y a de brigands. Les chrétiens qui étaient chargés du soin de nous conduire prenaient leurs précautions et se tenaient prêts, dès que nous parvînmes dans cette région. Ils n'aimaient pas qu'aucun de nos compagnons et de nos gens allât en avant ou restât en arrière, de peur des accidents. Rencontrions-nous trois ou quatre individus, nous leur demandions pourquoi ils passaient par petits groupes. « C'est que, disaient-ils, de pareilles gens sont à redouter, car quand ils en trouvent l'occasion, dans ces régions peu sûres, ils agissent comme les brigands et il est impossible de découvrir même leur trace. Quant aux brigands, il n'y en a là que rarement. »

Je rencontrai à Torre Juan Abad, pendant que je revenais de Madrid, un homme d'un village appelé Qousara, distant de quelques milles dudit Torre. M'ayant salué et souhaité la bienvenue, il me dit qu'il était lié de grande amitié avec don Alonso, le petit-neveu du roi de Grenade, et prétendit qu'il lui avait écrit de Madrid une lettre dans laquelle il lui imposait l'obligation de nous accompagner dans cet endroit dangereux, et le pressait de ne pas nous quitter pendant notre trajet à travers ce pays, où l'on s'attend constamment à quelque attaque. Cet homme était du nombre des brigands de cette montagne. Il était très fort et très courageux. On raconte qu'à l'époque où il se livrait au brigandage, le roi d'Espagne envoya un jour un détachement de trois cents archers pour le saisir. Il se cacha dans un coin de ces montagnes, et les hommes s'en retournèrent sans avoir pu mettre la main sur lui. Il revint alors dans sa maison à Qousara et, aujourd'hui, il y habite sans rien craindre ni pour sa personne, ni pour ses biens. Cependant il désirerait obtenir du roi un sauf-conduit au moyen duquel il serait en sûreté et qu'il garderait en signe de réhabilitation et de grâce. Quant à lui, pour sa personne, il n'a peur de rien. Nous avons vu ses pâturages (*'azâïb*) et ses chevaux paissant librement sur une grande étendue de terrain, près de la ville. Ils étaient laissés en liberté au milieu des pâturages. Lui-même nous a cité les actes de brigandage qu'il a commis dans cette montagne ; mais actuellement il en témoigne du repentir. « Si j'étais prêt pour le voyage, me dit-il, je me rendrais avec toi chez Mouley Ismaʻîl[1] et lui demanderais une lettre de recommandation pour le roi d'Espagne afin qu'il m'accorde ma grâce et que mon esprit soit tranquille. Si, dans la suite, quelqu'un arrivait dans ce pays, je l'accompagnerais et viendrais avec lui. » Lorsqu'il voulut mettre à exécution le projet pour lequel il était venu, c'est-à-dire nous accompagner, nous lui dîmes : « Nous n'avons pas besoin que tu nous

1. Mouley Ismâʻil, que l'ambassadeur désigne plus généralement sous le titre honorifique d'El Mansoûr billah, est le deuxième sultan de la seconde dynastie (Filély) des Chérifs du Maroc, encore régnante. Ce prince, dont le long règne dura de 1672 à 1727, chassa les Anglais de Tanger en 1684. Aidé par Louis XIV, il reprit en 1689 Larache aux Espagnols, auxquels il avait déjà enlevé Mahdiyah huit ans auparavant. Mais il assiégea vainement Ceuta.

accompagnes ; il vaut mieux que tu t'en retournes chez toi. » Nous insistâmes pour le renvoyer; mais il refusa et voulut absolument venir avec nous et nous tenir compagnie. Nous le laissâmes donc faire, tant pour qu'il satisfît son désir qu'à cause de l'amitié de don Alonso dont il se prévalait. Il nous accompagna une journée ainsi qu'un de ses amis, et nous quitta après avoir pris de nous l'engagement de retourner à sa demeure.

Dans ces hôtelleries (*fanâdeq*) disposées pour les voyageurs se trouvent des chevaux préparés pour les agents en mission et les courriers du gouvernement qui, en une heure, parcourent une grande distance. Voici ce qui a lieu : A peine un courrier approche-t-il dudit établissement, qu'ils appellent dans leur langue *bentah'*, qu'on fait sortir un cheval tout sellé et on le lui amène à la porte de l'hôtellerie. On lui présente un verre de vin et deux

---

1. C'est le terme espagnol *venta*, hôtellerie isolée pour les voyageurs.

œufs de poule. Après avoir bu, le courrier échange son cheval contre celui qu'on lui a amené. Le chef de l'établissement le fait accompagner par un autre homme, également à cheval, de telle sorte que, quand il se trouve à proximité de l'hôtellerie suivante, il sonne de la trompette qu'il porte avec lui et qui lui sert à donner le signal. Le courrier, à peine arrivé, trouve le cheval préparé ainsi que le vin et le reste qu'il a l'habitude de prendre. Il remet à son compagnon de route le cheval sur lequel il est venu, pour qu'il le rende à son propriétaire, et en prend un autre en emmenant également un autre homme. Il agit de même à chaque deux ou trois étapes. C'est pourquoi il franchit en un seul jour une distance considérable.

Pendant que nous nous trouvions dans la ville de San Lucar, sur l'Océan[1], il nous arrivait de Madrid des lettres du cardinal et des ministres d'Espagne, qui avaient

1. Litt., la grande mer.

trois jours de date. Nous en étions émerveillés, la distance entre les deux villes étant de plus de trois cents milles.

C'est de cette manière que les choses se passent dans les autres pays d'Europe. Toutefois le courrier est obligé, à la première étape, de produire une pièce signée par celui qui l'expédie, attestant qu'il est envoyé dans tel pays, pour que l'hôtelier lui donne le cheval et l'homme qui doit l'accompagner. Une fois qu'il a remis ce certificat au premier hôtelier, ce que lui donne celui-ci est comme une garantie et une caution, dans la crainte qu'on n'ait affaire à quelqu'un qui s'enfuit à cause d'une mauvaise action qu'il aurait commise ou d'un acte quelconque du même genre, et contre lequel il est nécessaire de se prémunir. Dans ce cas les hôteliers encourraient une peine ou seraient taxés d'inexpérience. Le courrier n'a donc plus besoin, après la première étape, ni de certificat, ni de constatation. Le loyer du cheval et du domestique qui l'accompagne est fixé chez eux pour chaque heure.

L'hôtelier est tenu de pourvoir à tout le nécessaire. Il acquitte une redevance déterminée entre les mains de l'agent préposé aux perceptions de ce genre, lesquelles font partie des droits d'octroi et revenus du roi. Le courrier paye ce qu'il doit et l'hôtelier donne ce à quoi il est tenu pour ce service particulier, qu'il afferme au commencement de chaque année. La plupart des revenus des (gouvernements) européens proviennent des droits d'octroi et autres semblables.

De cette maison située près de Socolana (nous nous dirigeâmes) vers une autre hôtellerie disposée également pour le logement des voyageurs et qu'on appelle *Venta de San Andrés*. Les voyageurs y descendent suivant la coutume. Elle est située à proximité de villages attenant les uns aux autres et de hameaux très peuplés. Les habitants de ces hameaux, hommes et femmes, vinrent nous trouver, et aussi leur gouverneur, père de grandes filles, très belles et de fils en bas âge. Il les amena d'une distance de trois milles. Ces gens sont plutôt nomades que civilisés, par suite de leur éloignement des grandes cités, foyers de la civilisation.

A quatre milles de cette hôtellerie, on trouve un endroit où il y a un petit fleuve, et une autre hôtellerie pour loger les voyageurs, ainsi qu'une église à laquelle accourent les chrétiens de toutes les localités, villages ou villes. Cette église possède un merveilleux jardin contenant une source d'eau douce et occupant un vaste espace à perte de vue. Dans cet espace se tient une fois l'an un marché, le premier jour du mois de...[1]. Les voyageurs, les commerçants et les trafiquants s'y rendent de tous côtés et s'y réunissent de tous les points. Pendant quinze jours, le centre de cette contrée est habité sans qu'on élève aucune construction; puis on se disperse et il n'est de nouveau repeuplé que l'année suivante au jour fixé du même mois. Ils appellent cela, dans leur langue,

---

1. Le nom du mois est resté en blanc dans les deux mss.

une foire[1]; ce qui signifie « un marché. »

De l'endroit de ce marché (nous arrivâmes) à une ville nommée Almenbrilla. C'est une ville qui témoigne d'une ancienne civilisation. La plupart de ces villes portent aujourd'hui le nom de village, parce que les habitants sont devenus nomades et qu'elles ont perdu la signification attachée au mot de ville ; en effet, comme les chrétiens, que Dieu les extermine! ne prennent aucun soin de construire des remparts et ne les réparent point lorsqu'ils tombent en ruines, il n'est plus resté aux villes que le nom de village. Le territoire d'Almenbrilla se compose de terres labourables et cultivables. Elle a très peu d'eau, à l'exception des *sáqiah* qui se trouvent dans ses jardins.

A un mille de cette ville on en rencontre une autre qu'on appelle Manzanarès. Ses jardins touchent ceux d'Almenbrilla. Elle est plus civilisée que cette dernière. Quand nous en fûmes proche, il arriva

---

1. En espagnol *feria*.

à notre rencontre des gens d'entre les habitants notables d'une ville nommée Almagro, située à neuf milles de Manzanarès. C'étaient les gendres du chrétien Alépin, l'interprète venu de la part du roi d'Espagne en qualité d'ambassadeur. Ils arrivèrent de leur susdite ville et descendirent dans la maison d'un clerc, leur cousin. Le clerc chez les chrétiens est l'étudiant qui a lu leurs sciences, mais qui n'est pas moine. Toutefois le clerc est aussi assimilé au moine en ce qu'il ne se marie pas. Son costume diffère de celui des moines et des autres chrétiens. Ce sont ces clercs qui disent les messes, ce qui signifie les prières, jouent de l'instrument de musique dans les églises[1] et récitent les livres de leurs prières en chantant. Il en est parmi eux qu'on a mutilés pour rendre leur voix plus belle et plus douce. J'ai vu à Madrid, chez le roi, deux jeunes étudiants qu'on avait soumis à la mutilation : ils étaient attachés au palais

1. Litt., dans les mosquées.

pour chanter les prières avec accompagnement de musique, ce que les Espagnols aiment beaucoup. Ces gens qui arrivèrent d'Almagro étaient des notables de la ville, où ils jouissaient d'une grande considération. Ils venaient à notre rencontre. Après nous avoir salués et nous avoir souhaité la bienvenue, ils nous emmenèrent à la maison de leur cousin. Ils avaient préparé un autre logis pour les chrétiens qui nous accompagnaient. Ils dépensèrent pour la circonstance une somme considérable. A notre arrivée dans la ville, nous trouvâmes celle-ci jolie. A son extrémité est une petite *qasbah* fortifiée et munie d'un mur élevé et de tours ; ce mur est entouré d'une seconde muraille, et le tout, d'un fossé servant de défense et habilement creusé. La ville elle-même n'a pas de muraille.

Nous entrâmes donc dans la maison du clerc, qui nous témoigna une grande joie et nous montra tous les tableaux et autres objets du même genre qu'il avait et dont il était grand amateur. Il nous pria et nous supplia de boire avec lui du vin dont il nous fit un pompeux éloge, nous assurant qu'il était chez lui depuis longtemps et vieux de nombre d'années. Nous lui répondîmes : « Dans notre religion il ne nous est pas licite de boire du vin et notre doctrine religieuse ne nous le permet pas. » Il se mit alors à s'apitoyer sur ce que nous buvions de l'eau froide toute pure. Nous passâmes la nuit chez lui : il avait fait venir ses parentes telles que ses cousines et ses sœurs, attendu qu'il était célibataire. Le lendemain ses cousins sortirent avec nous pour nous reconduire. Après être parvenus jusqu'au dehors de la ville, ils retournèrent dans leurs maisons et leur pays.

De cette ville appelée Manzanarès (nous nous dirigeâmes) vers une autre ville qu'on nomme Mora, c'est-à-dire « Musulmane. » Le motif de cette appellation est, si je ne me trompe, que peut-être elle embrassa le christianisme plus tard que les villes de son voisinage. L'espace compris entre les deux villes est complanté d'un nombre incalculable de vignes ; nous voyageâmes, en effet, la majeure partie de cette journée au milieu de vignobles, car dans la plupart de ces districts il n'y a d'autres arbres que les vignes, et cela à cause de la proximité où les habitants de cette contrée se trouvent de Madrid. Ils en ont multiplié la plantation parce que les habitants de la capitale en font une consommation constante, de tous les moments, et quand ils prennent leurs repas. Le vin est leur principale boisson. Tu trouves dans ce pays bien peu de gens buvant de l'eau. Et cependant, malgré la quantité de vin qu'ils absorbent, tu ne rencontres aucun d'eux pris de vin, ou ivre, ou ayant perdu la raison. Celui qui en boit beaucoup au point de s'enivrer est méprisé et n'est compté chez eux absolument pour rien. Ce vin qu'ils boivent, les uns le mélangent avec de l'eau ; d'autres le boivent pur en petite quantité. A cause de la prodigieuse consommation qu'ils en font et de la population considérable que renferme Madrid, population composée tant des habitants que de ceux qui y viennent pour séjourner, se fixer ou faire le commerce, le vin s'y vend à un prix très élevé. Il est frappé, à la porte de la ville, d'un droit égal aux deux tiers de sa valeur, mais les gens n'y font pas attention, parce qu'ils ne peuvent en aucun temps se passer de vin, habitués qu'ils sont tous à en faire usage, hommes, femmes et enfants des deux sexes, grands et gens du peuple, religieux, prêtres, diacres, moines, etc. Tout le monde en boit; personne ne s'en prive.

Mora est une ville de moyenne grandeur, plutôt petite. Les habitants sont au même degré de civilisation que ceux de Manzanarès et leur ressemblent. Quand nous eûmes quitté la ville de Mora, après y avoir passé une nuit, et que nous eûmes fait environ quinze milles, nous arrivâmes sur les bords d'un grand fleuve qu'on appelle le *Wâdy Takho* (Tajo, le Tage); c'est celui qui passe devant la ville de Tolède, située à environ six milles sur la gauche du chemin que nous suivons.

La ville s'aperçoit de ce point, à l'horizon, étant située sur une colline qui domine ce fleuve. En cet endroit du fleuve, par lequel nous passâmes, est un grand palais appartenant au roi et où il descend quand il vient chasser sur les bords du fleuve et aux alentours. En effet en passant on a à sa droite, des deux côtés du fleuve, des marais et des fourrés d'arbres. L'accès en est prohibé et ils sont gardés pour la chasse du roi ; c'est pourquoi personne ne peut y pénétrer, ni y chasser. Comme ce chemin est celui que l'on suit pour aller à Madrid, dans la Castille et ailleurs, et qu'il n'y a pas de pont sur le fleuve pour le franchir, on a placé de grandes poutres reliées les unes aux autres et on y a attaché des cordes aux deux rives. Lorsqu'il arrive une caravane, une troupe de gens, une voiture ou un convoi de charrettes [1], le bac est approché du rivage du fleuve et les bêtes de somme y descendent sans peine ni fatigue. Un

---

1. *El ghalayrah men el qarârît.*

seul homme tire le bac de l'autre bord. Pendant qu'on est dans sa voiture ou sur sa monture, on n'a pas le temps de s'apercevoir (de rien) qu'on a déjà traversé le fleuve et atteint la rive opposée avec la plus grande facilité. On paye pour le passage un prix minime, sans importance. Ce fleuve est d'un aspect grandiose; il occupe un grand espace et coule à larges bords. Ses rives sont occupées par des constructions, des hameaux, des moulins en grand nombre, des métairies en quantité incalculable. On y pêche du poisson, en très petite quantité toutefois.

A la distance de six milles de ce fleuve est un village nomade, sans civilisation, que l'on appelle *Bentas*. Les habitants portent sur eux pour la plupart le cachet de leur état nomade. C'est là que nous passâmes la nuit, lorsque nous eûmes traversé le fleuve, et c'est de ce village que nous nous mîmes en route le jour qui fut celui de notre entrée à Madrid, cette dernière n'en étant séparée que par une distance de vingt milles. En deçà de la ville de Madrid, à six milles, est une grande ville qu'on appelle Getafé ; elle est très grande ; néanmoins à cause de sa proximité de la capitale Madrid, c'est celle-ci qui est actuellement la capitale. Là demeurent jusqu'à présent les rois d'Espagne. La civilisation de cette ville de Getafé et d'autres parmi toutes les grandes cités de l'Espagne s'est transportée à Madrid.

Nous arrivâmes à Getafé au milieu du jour. Nous y trouvâmes un des principaux serviteurs du roi, nommé Carlos del Castillo[1] et portant le titre de comte. Il était dans une voiture du roi lui-même, qui l'avait envoyé au devant de nous, ce comte étant le fonctionnaire chargé par lui d'aller à la rencontre des ambassades qui lui sont adressées des États musulmans et autres. Tel est l'office de ce comte ; il n'en a pas d'autre. Cette charge lui vaut trois mille écus par an. Lorsqu'il nous rencontra, il mit pied à terre, nous salua

---

1. Introducteur des ambassadeurs.

au nom de son souverain et nous fit monter dans la voiture qui l'avait amené, après nous avoir souhaité la bienvenue et témoigné la plus grande politesse. Il voyagea avec nous dans la direction de Madrid. Quand nous en fûmes à un mille environ, nous aperçûmes une foule nombreuse de gens accourus à notre rencontre, les uns en voiture, les autres à pied ou à cheval, etc. Nous arrivâmes à la ville. Elle est située sur une élévation, au bord d'un grand fleuve qui descend de montagnes couvertes de neige; ces montagnes sont celles qui séparent cette région de la Castille appelée Vieille Castille. Madrid se trouve dans la Castille qui porte le nom de Nouvelle-Castille. Le fleuve a beaucoup d'eau pendant l'hiver à cause des neiges qui tombent sur ces montagnes; on l'appelle Manzanarès. Il est traversé par deux grands ponts dont l'un est admirablement construit. L'autre avait été détruit par le courant: on est en train de réunir les matériaux pour sa reconstruction. Les piliers sont déjà achevés, et l'on a établi par-dessus des poutres solides sur lesquelles peuvent passer les voitures, les charrettes et autres véhicules, ainsi que les gens. Nous entrâmes donc dans la ville. C'est une ville grande, bien bâtie, vaste, spacieuse et renfermant une population considérable. Nous y trouvâmes des prisonniers (musulmans) joyeux et contents, proclamant à haute voix la profession de foi et la bénédiction sur le prophète, que Dieu le bénisse et le salue! et faisant des vœux de victoire pour notre maître El Mansoûr billah. Les enfants chrétiens répétaient leurs cris. Nous passâmes, en entrant, devant le palais du roi. Nous l'aperçûmes debout à une fenêtre et regardant de derrière la vitre. « C'est celui-là (le roi), » nous dit-on. Les prisonniers nous accompagnaient, continuant à pousser leurs cris de joie. On nous fit passer par de larges rues, toutes dallées en pierres, jusqu'à ce que nous arrivâmes à une maison située près de celle du roi. C'est une grande maison qu'il réserve pour y loger (les ambassadeurs) qui arrivent des États éloignés et d'une nation autre que les chrétiens. Pour ceux-ci, en effet, la coutume est qu'ils descendent chez le roi durant trois jours et se pourvoient eux-mêmes d'une maison d'habitation, s'ils viennent avec l'intention de résider et d'habiter ; car il est dans les habitudes des souverains européens de s'adresser des envoyés qu'on appelle ambassadeurs et qui servent là d'intermédiaires entre eux et les souverains pour la correspondance et les autres affaires qu'ils ont les uns avec les autres. Ceux qui arrivent sans appartenir à ces nations descendent dans cette maison jusqu'à ce qu'ils s'en aillent, comme l'ambassade des Turcs qui vint en Espagne il y a quarante ans. On a prétendu qu'elle arrivait de Constantinople, mais la vérité est qu'elle avait été envoyée par un de ces fous qui voudraient créer des embarras au sultan de Constantinople. Il y a trois ans, il en est venu une de la Moscovie, pays éloigné, situé du côté du pôle nord. Ces ambassadeurs arrivèrent auprès du roi d'Espagne pour demander à sa mère la main d'une de ses nièces[1] qui se trouvait en Allemagne ; le roi de Moscovie voulait l'épouser. Mais comme les parents de la jeune fille ne désiraient pas ce mariage, on le fit dépendre de la décision que prendrait sa tante maternelle et on fit partir les ambassadeurs pour l'Espagne. Telle est la cause de la venue de l'ambassade moscovite auprès du roi, d'après ce que l'on a raconté.

En entrant dans ce logis, nous trouvâmes une maison très grande ; elle avait été garnie de tapis, de tableaux et de tous les approvisionnements. Nous y trouvâmes aussi un serviteur qui veillait à son entretien ; c'était un des serviteurs chargés du lit du roi. Il nous transmit les salutations de son souverain, après nous avoir souhaité la bienvenue à plusieurs re-

---

1. Fille de sa sœur. — La mère de Charles II, Marie-Anne d'Autriche, fille de l'empereur Ferdinand III, mourut le 16 mai 1696.

prises. Nous demeurâmes là douze jours. Notre entrée à Madrid eut lieu le samedi, septième jour du mois de *rabi'* de notre prophète. Durant ces douze jours, nous recevions la visite du comte qui était chargé de nous, du serviteur de la maison et d'autres personnages de distinction. Ils venaient matin et soir nous saluer de la part de leur maître. « Le roi, nous disaient-ils, désire que vous vous reposiez des fatigues du voyage ; il se prépare à vous donner audience et fait les plus grands apprêts pour que votre réception ait lieu en grande pompe. » Aussitôt que les douze jours furent écoulés, le comte chargé de nous vint nous informer que son souverain était prêt à nous recevoir.

Il se mit à nous questionner sur la manière dont nous saluerions, afin d'en donner avis au roi avant notre entrée, attendu que nous étions les premiers de notre nation, que Dieu l'exalte ! à être reçus par lui. Nous lui fîmes connaître quel était notre salut entre coreligionnaires et celui que nous donnions aux personnes n'appartenant pas à notre religion. Celui-ci était ainsi conçu : « Que le salut soit sur celui qui suit la droite voie, » sans une parole de plus. Il s'en alla informer son maître de notre réponse. Le roi fut tout étonné de cette formule de salutation à laquelle il n'était pas habitué et qu'il ne pouvait qu'accepter, sachant bien que nous étions fermement résolus à ne pas y ajouter un mot. Le comte revint tenant à la main un papier sur lequel on avait écrit la manière dont nous entrerions, quels personnages étaient désignés pour nous rencontrer à la porte et qui était leur chef, afin que nous fissions attention à l'étiquette les concernant. Il ajouta que le majordome, — ce qui signifie *wakîl* (préposé), — serait à telle porte accompagné de tels et tels hauts dignitaires et ayant avec lui tels et tels soldats de la garde; qu'à telle porte, il y en aurait tant et tant. « Et à telle porte, nous dit-il, les principaux seigneurs de la noblesse, ducs et autres, viendront au-devant de vous. »

Le lendemain, il arriva chez nous à l'heure fixée ; son souverain s'était préparé pour la réception. Il nous conduisit vers le palais. Nous trouvâmes les gens de la ville tous rassemblés, femmes et hommes, et ce ne fut qu'avec de grands efforts et beaucoup de peine que nous pûmes y atteindre, tant la foule était considérable. Quand nous fûmes à proximité de la porte, nous rencontrâmes le majordome, *wakîl*, accompagné des grands personnages et des soldats. Il salua et nous souhaita la bienvenue. Étant entrés dans la maison qu'ils appellent en leur langue « palacio, » mot qui signifie *mechouar*, nous commençâmes à défiler devant les groupes de hauts personnages et de grands seigneurs qui nous saluaient. Chacun d'eux se tenait debout à la place qui lui avait été assignée. Puis nous pénétrâmes dans une grande salle surmontée d'une coupole et à la porte de laquelle nous rencontrâmes le secrétaire du grand Conseil. C'est un homme âgé, que la vieillesse a voûté. Il nous fit le meilleur accueil. Il était entouré de plusieurs ducs et comtes. Il nous introduisit dans une autre salle à coupole. Nous trouvâmes alors le roi debout, le cou orné d'une chaîne d'or. Telles sont les coutumes des rois européens. Cette chaîne, chez eux, tient lieu de couronne. A sa droite était une table d'or incrustée de pierreries. Il l'avait fait disposer et placer, pendant notre séjour, après notre arrivée, pour y déposer la lettre du sultan, par respect pour celui qui l'avait envoyée, que Dieu l'exalte ! A la droite de la table se tenait un de ses ministres appelé le *condestable* (connétable); c'est son ministre qui a en mains les revenus et les dépenses ainsi que l'intendance du palais et de tout ce qui regarde particulièrement le roi, sa famille et sa maison. C'est un des hauts fonctionnaires du Conseil. Ce ministre avait à sa droite la reine, qu'entouraient en grand nombre les femmes et les filles des grands seigneurs. A la gauche du roi se tenaient d'autres ministres. Quand nous fûmes entrés dans l'appartement où il se trouvait, il nous souhaita la bienvenue et se montra gai et de bonne humeur, nous témoignant beaucoup de politesse et d'égards. Il nous demanda à plusieurs reprises des nouvelles de notre maître El Mansoûr billah et, en prononçant son nom, il ôta, en signe de respect et d'honneur, le chapeau qu'il avait sur la tête. « Il va très bien, grâce à Dieu, » lui dîmes-nous, et nous lui présentâmes la lettre du sultan, après l'avoir baisée et mise sur notre tête. Il la prit de sa main, la baisa et la déposa sur la table préparée à cet effet; il s'était de nouveau découvert. Ensuite il se mit à nous adresser des questions sur notre voyage et sur la fatigue et les ennuis que nous avions éprouvés en route. Nous lui répondîmes : « (Nous avons accompli le voyage) très bien. » Nous le remerciâmes de ce qu'il avait fait et de ce qu'avaient fait ses serviteurs qui nous avaient escortés pendant la route. Il en fut content et satisfait, et, après que nous eûmes échangé encore quelques paroles, il ajouta : « Louange à

Dieu qui vous a fait arriver en bonne santé! Nous reparlerons de l'objet de votre voyage une autre fois. » Et nous sortîmes de chez lui accompagnés par ceux qui l'entouraient et qui vinrent nous reconduire jusqu'à notre demeure.

Ce roi est un homme encore jeune ; il est âgé d'environ trente ans [1]. Son teint est blanc ; sa taille, petite ; son visage est allongé et son front large. Il se nomme Carlos *checondo*, ce qui signifie « second ». Les Espagnols entendent par là qu'il est le second de sa famille portant ce nom. Originaire de la Flandre, en Hollande, il n'est pas de la race des rois d'Espagne qui firent la guerre aux musulmans et s'emparèrent de l'Andalousie, de la Castille et d'autres provinces de ce pays. En effet, le premier de ces rois-là portait le nom de Saint-Ferdinand [2] et c'est celui qui

---

1. Charles II naquit le 6 novembre 1661.
2. C'est Ferdinand III, roi de Castille et de Léon, qui porte le titre de saint. Il mourut le 30 mai 1252. Il s'empara de Cordoue en 1236, de Séville en 1248, de Xérès, de Cadix, de San

s'empara de Grenade et de tous les musulmans qui restèrent sur le territoire de cette ville. Il avait fixé sa résidence à Séville, que Dieu en fasse de nouveau une cité musulmane! Lorsqu'il mourut, il laissa un fils appelé Ferdinand comme son père et surnommé le Catholique[1]. Il occupa le trône, après son père, durant peu d'années, et mourut sans laisser d'enfant mâle. A sa mort, la royauté fut exercée par sa femme *Zábíl* (Isabelle), fille du roi d'Aragon. Aragon est une des capitales de cette '*adouah* et une résidence royale.

Isabelle resta sur le trône des années; elle sortait, rentrait, montait à cheval, galopait et se livrait à tous les exercices pratiqués par les hommes. De son temps un

---

Lucar, etc., en 1250. Le roi de Grenade Abou Saïd se rendit son vassal et lui abandonna Jaën. Ferdinand III fut canonisé l'an 1671.

1. Ferdinand V le Catholique était fils de Jean II, roi de Navarre et d'Aragon; il épousa en 1469 Isabelle de Castille, qui mourut en 1504; lui même ne mourut qu'en 1516; mais en 1505, Philippe 1er, dit le *Beau*, et mari de l'infante Jeanne, prit le titre de roi de Castille.

amiral espagnol découvrit le pays des Indiens actuellement en leur possession. Il vit que les habitants vivaient dans l'anarchie et comme des bêtes de somme. Ils n'avaient aucun équipement militaire ; celui-ci consistait en morceaux de bois dans lesquels ils mettaient une pierre à briquet, et ils combattaient ainsi. S'étant donc aperçu de l'état de ces gens et ayant reconnu combien ils étaient simples et ignorants, il revint en Espagne en informer la reine Isabelle. La reine lui fit équiper trois vaisseaux et envoya avec lui de la cavalerie et des canons. Ayant regagné le pays qu'il avait vu, il y débarqua. Les naturels le combattirent ; mais il les vainquit, se rendit maître d'eux et se saisit de leur roi. Les Espagnols continuent à posséder dans l'Inde de nombreux territoires et de vastes régions d'où ils tirent chaque année de quoi les enrichir. Par suite de la conquête de ces pays indiens, des profits qu'ils rapportent et des richesses considérables qui en sont tirées, la nation espagnole est devenue aujourd'hui la plus riche et celle qui a les plus grands revenus de la chrétienté. Toutefois l'amour du bien-être et les douceurs de la civilisation dominent chez elle, et c'est à peine si l'on trouve un individu de cette nation qui fasse le commerce ou voyage à l'étranger dans un but de trafic, comme c'est l'habitude d'autres peuples chrétiens, tels que les Hollandais, les Anglais, les Français, les Génois, etc. De même ces vils métiers auxquels se livrent les gens de la basse classe et la lie du peuple sont repoussés par cette nation, qui se regarde comme supérieure aux autres nations chrétiennes [1]. Le plus grand nombre de

1. Il y a aussi une chose qui contribue fort à laisser les Espagnols sans argent, c'est un nombre prodigieux de Français et de Flamans qui les viennent servir, soit qu'ils travaillent à la culture des terres, ou aux bâtiments, ou aux choses les plus serviles, que les dons Diègues et les dons Rodriguez tiennent si fort au-dessous d'eux soit par vanité ou par paresse, qu'ils aimeraient mieux mourir de faim, que de se résoudre à les faire. Les étrangers ne sont pas si délicats; ils y viennent, et lorsqu'ils ont amassé quelque argent, ils se retirent en leur pays, pendant qu'il en revient d'autres à leur place, qui s'employent aux mêmes

ceux qui s'occupent de ces basses professions en Espagne sont les Français, et cela parce que leur pays n'offre que très difficilement des moyens d'existence et des ressources. Ils envahissent l'Espagne pour y servir et pour acquérir et amasser de l'argent. En peu de temps ils arrivent à une grande fortune. Il en est parmi eux qui abandonnent leur pays et se fixent dans celui-ci. Bien qu'il y fasse cher vivre, les bénéfices y sont considérables.

Les Espagnols se considèrent pour la pluplart comme employés du gouvernement ou faisant partie de l'armée, et regardent comme au-dessous d'eux de s'occuper d'un métier ou de se livrer au trafic et au commerce, dans l'espoir qu'ils seront comptés parmi les nobles ou que, s'ils n'arrivent pas eux-mêmes à la noblesse, ils la légueront à leurs descendants. C'est une de leurs habitudes que tous les

---

choses. L'on en compte jusqu'à quatre-vingt mille qui entrent et qui sortent du royaume de cette manière. (*Mémoires de la cour d'Espagne*, t. II, p. 395, Paris, 1692.)

artisans, gens de métiers et commerçants ne peuvent monter en voiture dans la capitale où est le roi. Lorsque l'un d'eux désire obtenir la noblesse ou approcher du gouvernement pour être mis au nombre de ses employés, il abandonne ces professions qu'il regarde comme déshonorantes, avec l'espoir que sa descendance obtiendra après lui un titre nobiliaire.

Quant à lui, en ce qui le concerne, il n'y parviendra pas, quelques efforts qu'il fasse, à moins qu'il ne soit un de ces riches commerçants qui ne tiennent pas la balance ni ne s'asseyent dans une boutique, tels que les grands négociants ayant un vaste commerce et d'immenses richesses grâce auxquels ils n'ont pas besoin de vendre et d'acheter dans les magasins et les marchés. Celui-là, en effet, arrive à la noblesse en quittant le négoce et ne s'en occupant plus du tout.

La noblesse chez eux consiste à porter sur l'épaule, sur le vêtement dont ils s'enveloppent, une croix dessinée d'une manière déterminée. C'est là un degré de noblesse qu'atteint seul celui qui jouit d'une certaine influence dans la chrétienté. Il faut qu'il compte sept aïeux chrétiens d'après des témoignages de chrétiens de toute époque et qui déclarent connaître son père et son aïeul et avoir entendu d'autres et de plus âgés qu'eux certifier qu'un tel, de telle descendance, est chrétien, fils de chrétien, jusqu'au septième de ses aïeux et que parmi ceux-ci il n'y en a eu aucun auquel on puisse reprocher une tache ni même un soupçon de judaïsme ou de toute autre religion non chrétienne. Il reçoit alors l'autorisation de faire dessiner cette croix sur son épaule, après avoir donné dans ce but de fortes sommes aux membres du Conseil et ensuite aux moines qui lui octroient aussi la permission de la porter. C'est là une de leurs croyances et de leurs pratiques erronées. Ce signe de la croix n'est obtenu, ainsi que nous venons de le dire, que par ceux dont l'origine est chrétienne, pure, et par ceux qui, descendant des Andalos (Maures) et appartenant aux grands de leur nation se sont ensuite faits chrétiens pour leurs intérêts : on leur a alors donné ce signe qui indique qu'ils appartenaient dans l'origine à l'islamisme; ce signe est celui de leur noblesse dans cette mauvaise religion, dont Dieu nous préserve !

Mais revenons à notre récit qui avait pour objet de faire connaître ce roi. Nous mentionnerons ses ancêtres et dirons comment lui est échu le trône d'Espagne et d'autres pays tels que la Flandre, le royaume de Naples et les autres états placés sous son sceptre. Voici sa généalogie, que Dieu le jette dans l'abaissement : Charles II, fils de Philippe IV, fils de Philippe III, fils de Philippe II, fils de Charles Quint, fils de Philippe le *Beau* (*hermoso*). Ce Philippe le Beau était un grand comte des habitants de la Flandre, où il s'est fait un renom et une réputation et dont il avait le gouvernement. A la mort de Ferdinand le Catholique, qui résidait à Séville, ainsi que nous l'avons dit, et ne laissa pas d'enfant mâle à qui léguer après ui le gouvernement des gens de sa nation, sa femme Isabelle monta sur le trône. Cette reine avait une fille nommée Jeanne qu'elle avait mariée au comte de Flandre nommé Philippe *elmoso*[1], mot qui chez les Espagnols, signifie « beau jeune homme; » car ce prince était passé en proverbe chez eux, à son époque, pour sa beauté, ce qui lui valut le surnom d'*elmoso*. Quand la reine Isabelle mourut, sa fille qu'elle avait eue du roi Ferdinand était mariée en Flandre; on envoya quérir cette princesse pour qu'elle héritât du trône de ses ancêtres. Elle arriva avec son mari Philippe le Beau, dont elle avait un fils en bas âge appelé Carlos *quinto*; *quinto* signifie « cinquième. » Les Espagnols entendent par là qu'il fut le cinquième souverain du nom de Carlos (Charles) par rapport à ses ancêtres du même nom qui avaient régné avant lui. Toutefois il fut le premier à porter ce nom parmi les rois d'Espagne de cette détestable race, que Dieu en purge

---

[1]. *Hermoso*, en espagnol.

la terre ! En considération de ce qu'il fut le premier, le petit-fils de son petit-fils porte celui de *chekondo*, ce qui signifie « second. » La fille de Ferdinand monta donc sur le trône d'Espagne avec son époux ; et ce Charles-Quint, son fils, grandit et devint un roi redoutable d'entre les souverains chrétiens, que Dieu les anéantisse ! Il était plein de bravoure, de ruse, d'astuce et de méchanceté ; il ne resta pas un moment tranquille depuis le jour où il fut devenu grand. Il n'eut ni trêve ni repos qu'il n'étendît les bornes de son empire et de sa domination : il se mit à parcourir les contrées et à les subjuguer dans toutes les régions des polythéistes chrétiens ; voyagea, se donna du mouvement, fit marcher des troupes et des armées sur terre et sur mer. On a fait le calcul de ses voyages par mer : ils ont atteint le chiffre de plus de vingt. C'est lui qui vint attaquer Alger avec une flotte nombreuse, composée de vaisseaux et de galères, et qui comprenait plus de trois cents navires. Il avait porté avec lui dans ses navires des instruments de construction et tout ce qui lui était nécessaire comme chaux, pierres, ouvriers, manœuvres. Il jeta l'ancre devant la ville pendant la nuit : les habitants ne s'étaient aperçus de rien, lorsque, à la pointe du jour, ils virent une tour qui les dominait et qui était très forte. Il y avait placé des canons et des mortiers (*anfâd*). De là il se mit à démolir leurs murailles et à ruiner les remparts, les maisons, les fortifications. Les Algériens serrés de près se trouvaient réduits à la dernière extrémité, et Charles-Quint était sur le point de s'emparer d'eux. Mais Dieu, qu'il soit glorifié ! ne le voulut pas et vint au secours de sa religion inébranlable, *pour l'élever au-dessus de toutes les religions* [1] : il fit gonfler la mer et soulever les vagues, et tous les navires qu'avait amenés Charles-Quint furent engloutis. Le roi ne se sauva qu'avec sept navires et les troupes qu'ils portaient. Il essuya en mer une violente

---

1. Qor'ân XLVIII, 8.

tempête. On a raconté à ce propos qu'ayant arraché de sa tête la couronne qu'il portait, il la jeta à la mer en s'écriant : « Que celui qui veut porter la couronne vienne à Alger la prendre ». Il échappa au naufrage, lui et ceux que transportaient les sept navires qui furent sauvés.

C'est ce Charles-Quint qui assiégea également Tunis durant son règne et même dans cette expédition dirigée contre Alger. La tour qu'il construisit à Alger est celle connue aujourd'hui sous le nom de *tour de Mouley Hasan*. Elle subsiste encore actuellement et est très solide : elle domine la ville et en est très proche, à une portée de canon. On la voit à droite en sortant par la porte d''Azzoûn.

Charles-Quint soumit, pendant son règne, des provinces de l'Espagne et d'autres du pays de France, d'Allemagne, de Venise [1], etc. C'est de lui que nous avons parlé précédemment comme ayant

1. Le ms. porte Valence.

fait la guerre au roi de France : il l'amena prisonnier à Madrid, puis le relâcha moyennant une rançon.

Entre autres faits concernant l'histoire de ce roi est celui-ci : quand il eut conquis l'Allemagne et qu'il fut devenu vieux, comme il avait un fils nommé Philippe *chekondo*, ce qui veut dire « deuxième » de ce nom par rapport à son aïeul le comte venu de Flandre, il l'investit du gouvernement de l'Espagne, de la Flandre et de Milan. Charles avait aussi un frère appelé Ferdinand ; il lui donna le gouvernement de l'Allemagne avec le titre d'empereur. C'est de sa race scélérate qu'est issu celui qui règne aujourd'hui, que Dieu le fasse périr et en purge la terre ! Après avoir abdiqué en faveur de son fils et de son frère, il se fit moine et, étant entré dans un couvent de religieux, il fit partie de leur communauté. On prétend qu'il embrassa la vie dévote et prit l'habit monacal dans une ville appelée Placencia, dans la province de Castille, à cinquante milles de Madrid. La femme qu'il avait avant de se faire moine était Isabelle, fille du roi de Portugal et sœur de Sébastien qui conduisit une désastreuse expédition dans notre pays en compagnie du fils de Mouley ʿAbd Allah.

Quand ce Philippe II fut monté sur le trône [1], il fut un des rois les plus scélérats de son temps. Il porta aussi la guerre en différents pays et assiégea une des métropoles de la France [2]. Il l'attaqua avec les canons et les mortiers (*anfâd*), espérant la renverser.

On a raconté que dans la ville qu'il assiégea il y avait une église dédiée à Lorenzo *er-riâl* (saint Laurent) [3] et placée entre la ville et les projectiles lancés par les canons, de telle sorte que les assiégés ne pouvaient être atteints. Or le siège avait traîné en longueur. Comme il n'exis-

---

1. En 1556.
2. Saint-Quentin, 1557.
3. Erreur répétée souvent depuis. La bataille de Saint-Quentin est du 10 août 1557, jour de la fête de saint Laurent. De là le vœu et l'Escurial. (*Note de l'éditeur*).

tait pas d'autre moyen que celui de raser l'église qui empêchait d'atteindre la ville. Philippe fit vœu de construire une autre église plus grande et de la dédier à ce Laurent[1]. Il plaça en conséquence les canons en face de la ville, détruisit l'église et de là atteignit la ville. A son retour, il bâtit l'église qu'il avait fait vœu d'élever. C'est celle qu'on appelle l'Escurial. L'Escurial est situé au pied de la montagne qui est près de Madrid. C'est une construction gigantesque ; nous la décrirons en son lieu, s'il plaît à Dieu. Ce Philippe II s'était rendu, à ce qu'on prétend, auprès de son oncle maternel Sébastien, le roi de Portugal qui fit une expédition contre le pays des Arabes, sous le règne du sultan Mouley 'Abd el Malek, fils du sultan Mouley Mohammad ech-Chaikh, pour soutenir les prétentions du fils de Mouley 'Abd Allah. Ce Philippe, aussitôt qu'il apprit la nouvelle du (prochain) départ de son oncle pour le

---

1. *L'Art de vérifier les dates* porte que la bataille fut gagnée le jour de la fête de saint Laurent.

pays des musulmans, accourut auprès de lui et, s'étant entretenu avec lui à ce sujet, lui conseilla de demeurer tranquille et de ne pas s'exposer lui-même dans le pays des Arabes, en employant tels moyens d'attaque qu'il pourrait, sans aller en personne au secours de son protégé, attendu qu'il ne connaissait pas cette contrée, qu'il ne lui convenait pas de quitter ses propres états et qu'il n'était pas de force à lutter contre les musulmans en ce moment où le roi se trouvait dans le Maghreb. On a prétendu que son protégé lui montrait des lettres de quelques tribus du Gharb témoignant qu'elles étaient pour lui et prêtes à soutenir son parti. Le roi de Portugal, persistant dans son projet et restant sourd aux conseils de son neveu, ne tint aucun compte des paroles de celui-ci. Dieu voulut que dans cette expédition les musulmans remportassent une grande victoire, comme on n'en avait pas vu depuis longtemps. Le jour de cette expédition bénie, le sultan succomba à une maladie dont il avait été atteint pendant la route, lorsqu'il se mit en marche pour aller au-devant des chrétiens, à la nouvelle de leur départ. Les chrétiens citent sa bravoure et son énergie et disent que, tout malade qu'il était, il combattit avec son sabre jusqu'à ce que la maladie l'ayant terrassé, elle lui enlevât la force qui le poussait au combat. Il mourut donc, que Dieu lui fasse miséricorde! En ce même jour, mourut le fils de son frère, Mohammad ebn 'Abd Allah, qui fut tué ainsi que Sébastien. Tous les chrétiens qui l'accompagnaient périrent; il ne s'en sauva qu'un petit nombre, si petit qu'il n'y a pas à en tenir compte. Le nombre des chrétiens s'élevait, comme on le sait chez nous, à quatre-vingt mille. Les chrétiens prétendent que l'armée commandée par Sébastien dans cette campagne se composait de dix-huit mille hommes, savoir : douze mille Portugais, trois mille Anglais, qu'il avait reçus comme secours en vertu du traité de paix et d'alliance conclu avec l'Angleterre, et trois mille Espagnols que son neveu Philippe II lui avait fournis. Le premier chiffre mentionné, qui est celui établi chez les musulmans, est le vrai. Pour ne pas avoir accueilli le conseil de son neveu et s'être exposé en pays arabe, le roi de Portugal est traité d'imbécile, et on l'accuse de légèreté d'esprit. Cette expédition bénie est la cause de l'affaiblissement de la nation portugaise jusqu'à ce jour. Que Dieu l'anéantisse !

Quand Sébastien eut été tué et que les Portugais eurent essuyé un désastre pareil, leur roi n'avait pas de fils pour lui succéder sur le trône. Il avait, à ce qu'on prétend, deux frères : l'un était cardinal ; l'autre régna après lui pendant peu de jours et mourut sans postérité. La race de leurs rois s'étant conséquemment éteinte par la mort de ces deux frères, Philippe II hérita du trône de Portugal du fait de sa mère Isabelle[1], suivant les lois et règlements qui appellent chez eux la femme à

---

1. Elisabeth de Portugal.

hériter du trône en l'absence d'héritier mâle.

C'est aussi pendant le règne de Philippe II que les débris des *Andalos* restés après la victoire remportée sur eux par les chrétiens, se révoltèrent à Grenade et dans ses dépendances[1], à la nouvelle qu'il était arrivé d'Alger des navires amenés par Habîb-réïs, qui était descendu sur le territoire d'Almériyah; ils s'imaginaient qu'il les défendrait. Or il embarqua sur les navires tout ce qu'il put d'habitants d'Almériyah et de ses environs et repassa dans son pays. Les Andalos révoltés se trouvaient dès lors impuissants à lutter contre les chrétiens, qui les taillèrent en pièces. Un grand nombre d'entre eux embrassa le christianisme par force, après la fuite de ceux qui purent s'échapper. Ils demeurèrent dans cette situation, chrétiens et vaincus, quarante ans environ, jusque

1. Cette révolte eut lieu en 1569. Les hostilités cessèrent en 1571, par la fuite d'une partie des rebelles, qui passa en Afrique, et la soumission des autres.

sous le règne de Philippe III[1], fils de Philippe II. On a soutenu que le roi des Turcs écrivit alors une lettre au ministre de Philippe III en lui demandant de s'employer à faire sortir de cette ʿadouah les survivants de ceux qui avaient été vaincus, bon office qu'il considérerait comme un témoignage d'amitié. Le ministre, usant de finesse, conseilla à son souverain d'expulser les survivants des Andalos qui avaient abandonné depuis peu leur religion. « La plus grande partie d'entre eux (dit-il) est actuellement encore en vie et leur nombre dépasse celui des chrétiens ; nous ne sommes pas sûrs qu'ils ne se soulèvent une autre fois. Le mieux est donc

---

[1]. Philippe III, par un édit du 9 décembre 1609, ordonna, sous peine de mort, à tous les Maures établis dans le royaume de Valence de sortir de ses états. La rigueur de cet édit fut étendue, le 10 janvier suivant, à tous les Maures d'Espagne. Plus d'un million de sujets laborieux, commerçants et industrieux quittèrent l'Espagne à cette occasion, laissant des provinces entières dépeuplées. La plupart de ces malheureux fugitifs se retirèrent en Asie et en Afrique. (*Art de vérifier les dates.*)

qu'ils soient expulsés de cette *'adouah* pour
que nous n'entendions plus parler d'eux,
et qu'on leur fasse passer la mer afin qu'ils
se dispersent dans les États Barbaresques.
Leur séjour dans le pays où ils ont été
élevés est un danger. » Le roi accueillit favorablement le conseil de son ministre et
ordonna de les rassembler et de leur faire
passer la mer, à l'exception de ceux qui
avaient embrassé le christianisme de
leur propre gré, lesquels étaient plus
nombreux que ceux christianisés de force,
et à l'exception de ceux qui s'étaient
cachés, ou avaient imploré la protection
de quelqu'un, ou que l'on ne connaissait
pas. Quoi qu'il en soit, comme ils étaient
en grand nombre, on ne poussa pas très
loin les recherches dans toute l'*'adouah*,
parce qu'ils étaient mêlés et avaient oublié
l'islamisme. La plus grande partie de ceux
qui sortirent de l'Espagne à cette époque
se composait des habitants de Grenade et
de son territoire qui s'étaient révoltés.
Leur nombre était considérable. Les chrétiens, à cause du conseil donné par le mi-

nistre à son souverain de faire sortir tous ces gens après qu'ils s'étaient faits chrétiens et avaient embrassé le christianisme en si grande quantité, le taxent de judaïsme ; suivant eux, il n'a pas donné un conseil conforme à leur religion en faisant sortir ce grand nombre d'habitants, après qu'ils avaient été considérés comme chrétiens.

Quelques chrétiens sont soupçonnés de judaïsme. C'est pourquoi il existe à Madrid un tribunal composé de plusieurs docteurs de leur religion ; tous sont des vieillards. On appelle leur tribunal l'inquisition. Ils s'enquièrent de quiconque est soupçonné de judaïsme, fût-ce même sous le plus léger prétexte. Ils se saisissent de lui et le mettent en prison, après avoir pris ses biens, tous ses effets et ses trésors, qu'ils se partagent immédiatement entre eux. Ils le laissent une année en prison et l'interrogent alors sur ce dont il est soupçonné. Lorsqu'il nie, ils lui disent : « Le signe de ta véracité est que tu désignes celui qui t'a desservi ou accusé. » Il les leur cite un à un jusqu'au troisième. Si celui qui l'a desservi est un des trois qu'il a nommés, et qu'ayant ajouté : « Il y avait entre un tel et moi de l'inimitié à telle époque, pour telle cause » sa supposition et ses soupçons se trouvent fondés, il lui est délivré une pièce pour faire le procès et se disculper. Son procès traîne en longueur devant ce tribunal jusqu'à ce qu'on oublie l'imputation dont il a été l'objet ; il ne désirait par ce moyen qu'obtenir sa délivrance. On le fait alors sortir de prison. Dans le cas où ce dont il a été accusé est prouvé ou qu'il en fasse l'aveu, on l'oblige à abjurer le judaïsme et à embrasser la religion chrétienne. Si, abjurant sa religion, il se fait chrétien, on l'extrait (de la prison), on le promène et on l'expose dans les marchés avec une croix jaune sur l'épaule, ce qui signifie qu'il appartenait à à la religion juive et qu'il est devenu chrétien. Il conserve cette croix pendant six mois à l'expiration desquels il l'enlève : il fait alors partie de la masse des chrétiens. Lorsqu'il a avoué être juif ou que le fait a été établi par témoins et qu'il n'abjure pas sa croyance, on le brûle sur un bûcher, sans accepter aucune intercession en sa faveur. C'est là le motif pour lequel aucun juif n'entre en Espagne ni en Portugal.

Le dit tribunal est celui désigné pour faire les enquêtes sur cette question et autres semblables dans le but de connaître ceux qui suivent leur religion et ceux qu'on soupçonne d'y porter la moindre atteinte. Personne ne peut diriger une attaque contre ces juges ni les accuser d'erreur ou de passion : ils trouveraient un moyen pour le perdre et un chemin pour s'emparer de lui. Personne, pas même le roi, n'a le pouvoir de délivrer quelqu'un d'entre leurs mains. Quand quelqu'un est sous le coup d'une de ces imputations et qu'il se réfugie auprès du roi pour obtenir sa protection, le souverain ne peut le sauver ni le soustraire à leurs poursuites. C'est au point qu'un de ses ministres, de ses serviteurs ou de ses officiers sur le compte duquel ils auraient un soupçon serait dans l'impossibilité de leur échapper : ils le prendraient partout où ils le trouveraient, fût-ce auprès du roi, dans l'église ou ailleurs. Pendant notre séjour à Madrid, ils accusèrent un des officiers particuliers du roi et de ses ministres d'appartenir à la religion juive : ils se sont emparés de lui et l'ont emprisonné à Tolède, où il est encore actuellement. De même ils ont accusé un autre personnage pendant que nous nous trouvions à Madrid ; c'était un des fonctionnaires préposés à une branche des revenus particuliers du roi ; ils l'ont saisi lui, sa femme, ses enfants, toute sa famille et ses serviteurs et les ont jetés en prison où ils sont jusqu'à présent. Ils ont mis la main sur les biens et sur tous les effets que contenait la maison de ce fonctionnaire dont la fortune est considérable.

Un des membres de ce tribunal est délégué par le pape qui est à Rome, que Dieu l'anéantisse ! Il est envoyé en qualité de son représentant pour ces sortes d'affaires et autres semblables. Les Espagnols l'appellent dans leur langue *el nuncio* (le nonce).

Les gens accusés de judaïsme parmi ces nations sont nombreux ; la majorité appartient à la nation portugaise. Ils descendent, pour la plupart, des juifs qui habitaient ces pays à l'époque des Maures, en vertu d'un pacte et d'un traité de protection que ceux-ci leur avaient accordés. Lors de la défaite des musulmans, ils se réfugièrent du côté du Portugal et s'y cachèrent en se faisant passer pour chrétiens. Il en existe, dit-on, beaucoup en Portugal ; un plus grand nombre qu'en Espagne.

A la mort de Philippe III sous le règne duquel, vient-il d'être dit, sortirent d'Espagne les survivants d'entre les Maures qui restaient encore dans ce pays, le trône échut à son fils Philippe *Cuarto*, ce qui signifie le quatrième du nom de Philippe[1]. Il fut un des rois infidèles les plus redoutés, que Dieu les anéantisse ! Sous son règne, la nation portugaise s'étant soulevée appela pour régner sur elle un personnage nommé duc de Bragance et

1. Il succéda à son père le 31 mars 1621.

qui était le père du roi actuel de Portugal. Sa femme était la sœur d'un duc, grand d'Espagne et d'un rang élevé dans la noblesse. Il s'appelait le duc de Médina Sidonia. On prétend que son aïeul, don Alonso de Guzman, était un grand (personnage) dans la ville de Tarif lorsque Târeq, que Dieu lui fasse miséricorde ! entra dans l'*'adouah*. Cette famille continue jusqu'à présent à porter le surnom de Guzman. Quand les Portugais appelèrent le duc de Bragance à régner sur eux, il consulta sa femme sur l'invitation qui lui était faite. Elle lui donna le conseil d'accepter. « Régner une seule nuit, lui dit-elle, vaut mieux que de rester duc pendant cinquante ans. » Il accepta donc leur offre. Il existait à ce sujet un accord entre lui et le frère de sa femme, qui habitait à cette époque la ville de San Lucar. Entre San Lucar et le Portugal est une ville nommée Ayamonte ; là se trouvait un marquis très puissant, un des hommes les plus considérables de l'Espagne : il portait le titre de marquis d'Ayamonte. Il entra avec eux dans la convention. Un autre duc, connu sous le nom de duc d'Yjar, embrassa également leur parti. Ce dernier, aussi bien que chacun des autres, ambitionnait le trône pour lui-même. Philippe IV ayant eu vent de ce qu'ils concertaient manda ces trois personnages qui étaient au nombre de ses sujets et des habitants de son royaume et les fit venir à Madrid avant qu'ils sussent qu'il avait connaissance de leurs projets. Il les soumit à toutes sortes de tortures et leur arracha des aveux, car il avait surpris des lettres qu'ils s'adressaient les uns aux autres et qui indiquaient leurs intentions de rébellion. Le duc de Medina Sidonia avoua promptement. Le roi, à cause des liens d'amitié qui existaient entre eux, le relâcha et l'exila dans une ville appelée Valladolid, après lui avoir enlevé son gouvernement et sa province ; il était, en effet, capitaine de toute la côte de la mer limitrophe avec notre pays, que Dieu le garde ! Les deux autres, malgré les plus grandes tortures, ne firent aucun aveu. Le roi les fit sortir (de prison) avec leurs serviteurs, qui étaient au courant de leurs desseins, et les serviteurs du duc de Medina Sidonia et les fit conduire sur la place de Madrid où ils furent tous mis à mort. Alors éclata entre le Portugal et le roi d'Espagne une guerre qui dura environ vingt-six ans jusqu'à ce qu'elle s'éteignît par la mort de Philippe IV. La mort de ce prince eut lieu en l'année 1666 de leur ère chrétienne, correspondant à l'année 1077 de notre ère[1]. Le roi de Portugal paya alors (une somme) aux Espagnols.

Le roi d'Espagne Philippe IV eut un grand nombre de fils; mais comme ils étaient illégitimes, ils ne purent, suivant leurs règles, hériter du trône. Il avait épousé une fille de son oncle paternel l'empereur d'Allemagne[2] : il l'avait fait venir avec l'intention de la donner pour femme à un

---

1. L'année 1077 de l'hégire commença le 23 juin 1666 *vieux style*. — D'après l'*Art de vérifier les dates*, Philippe IV mourut le 17 septembre 1665.

2. Marie-Anne d'Autriche, fille de l'empereur Ferdinand III.

fils qu'il avait; mais celui mourut peu de temps après l'arrivée de cette princesse à Madrid. Puis sa propre femme [1] mourut. Aussitôt que la princesse fut devenue nubile, il la demanda en mariage pour lui-même et l'épousa. Elle lui donna un fils, Charles II, le roi actuellement régnant.

A la mort de Philippe IV, comme son fils était encore en bas âge [2], ce fut sa mère qui régna. Quant à ses autres fils qui ne pouvaient hériter du trône, le plus grand nombre d'entre eux embrassa la vie monacale. De ce nombre est le moine aujourd'hui *moufti* de Malaga et qu'ils appellent dans leur langue *alsoubisbo* [3], ce qui signifie *moufti*. Un autre de ses fils se nomme Juan d'Autriche : il s'est signalé chez eux par sa bravoure, son esprit indépendant et son audace. Investi du commandement des armées et dirigeant les

---

1. C'est-à-dire sa première femme, Isabelle ou Elisabeth, fille de Henri IV, roi de France; elle mourut le 6 octobre 1644.

2 Charles II était né le 6 novembre 1661.

3. En espagnol, *arzobispo*, archevêque.

forces militaires du pays, il prenait part à toutes les guerres, pendant la durée du règne de la femme de son père et durant l'enfance de son frère du côté paternel. Ayant acquis par ses hauts faits d'armes une grande influence, il ne laissa personne donner un avis ni une opinion ; il se mit à dicter des lois (aux ministres) et à se livrer à des actes qu'ils ne connaissaient pas auparavant : il gourmandait les membres du Conseil et la reine, la femme de son père. « Je n'agis ainsi, disait-il, que dans le but d'être utile à mon frère jusqu'à ce qu'il soit grand ; je ne suis qu'un de ses serviteurs. » Mais les membres du Conseil et la reine conçurent de grands soupçons à son égard, ne doutant pas que sa conduite ne fût dictée par son désir de s'emparer du trône. La reine avait auprès d'elle un homme appelé le *duendi*[1], qui était l'agent particulier de ses dépenses ; il lui

---

[1]. Sur le *duende de la Reina* (l'esprit-follet de la reine), don Fernando Valenzuola, on peut voir les *Mémoires de la cour d'Espagne*, Ire partie, Paris, 1632.

reprocha ce qui se passait. Don Juan d'Autriche se saisit de lui et l'emprisonna dans une tour fortifiée, située sur une hauteur dominant un village du nom de *Souigra* (Consuegra), à dix-huit milles de Tolède, sur la route qui conduit de cette ville dans l'Andalousie. Cette tour extrêmement défendue et fortifiée est de l'époque des musulmans ; elle est si élevée que la vue s'étend de là sur un grand nombre de villes, de hameaux et de villages de la province de Tolède. Entourée de deux hautes murailles, elle renferme à l'intérieur une église habitée par quelques moines. Je suis entré dans cette tour et y ai vu des vestiges de construction solide et de fortification qui attestent les efforts des ouvriers qui y travaillèrent en ce temps-là, que Dieu leur fasse miséricorde ! Quand le *duende* eut été emprisonné dans le dit lieu, don Juan défendit qu'on l'en fît jamais sortir et se mit à éplucher la conduite et la situation des membres du Conseil : il surveillait leurs décisions, examinant ce qu'ils conseillaient, les avis qu'ils donnaient et ce qu'ils se proposaient de faire ; approuvant ce qui lui paraissait bon et rejetant ce qu'il regardait comme mauvais ; diminuant les dignités et les traitements des fonctionnaires. « Celui-ci, disait-il, ne mérite pas de prendre ce (traitement). Pourquoi cet autre mange-t-il tout cet (argent) ? » Il en arriva même à reprocher à la reine ce qu'elle dépensait pour ses plus stricts besoins. Cela dura ainsi jusqu'à ce que son frère eut atteint sa quatorzième année. Un jour il le prit et l'ayant emmené dans le royaume d'Aragon il lui ceignit la couronne ; puis, l'ayant reconduit à Madrid, il se mit à agir comme son lieutenant, à l'égal d'un serviteur. Son influence continua à l'emporter sur celle de la mère de son frère et il finit par l'expulser de Madrid dans la ville de Tolède. Elle resta là une année et demie. Quelque temps après Juan d'Autriche étant mort [1], elle retourna à sa résidence. Le *duende*, qui était en prison, fut mis en liberté et partit pour un des pays de l'Inde, où il se trouve

1. Il mourut le 17 septembre 1679.

encore jusqu'à présent, investi d'un grand gouvernement.

Ce Charles II a grandi avec le Conseil; il a épousé la fille de sa tante maternelle, sœur de sa mère; c'est la fille de l'oncle paternel de l'empereur qui est en Allemagne. Il y a aujourd'hui un an qu'il s'est marié avec elle[1]. Il ne va en aucun endroit, ne conduit aucune armée, ne prend part à aucune guerre. Il aime à tel point la vie sédentaire qu'il ne monte jamais ni cheval ni autre bête, mais sort seulement et toujours en voiture avec la reine. Le plus souvent il se rend à ses lieux de chasse en voiture; il va sans cesse aux églises et se livre à tous les actes de dévotion en usage chez les Espagnols.

Aussitôt que nous l'eûmes quitté, le jour de notre réception, après lui avoir remis la lettre du sultan, il donna la missive au chrétien d'Alep, le drogman, pour la tra-

1. En l'année 1690, Charles II, veuf de Marie d'Orléans, nièce de Louis XIV, épousa Marie-Anne de Neubourg, fille de Philippe-Guillaume, duc de Neubourg, puis électeur palatin.

duire et la transcrire en espagnol. La lettre traduite, il la lut et vit ce qu'elle contenait et ce que prescrivait le Commandeur des Croyants, que Dieu l'assiste! à savoir la restitution de cinq mille manuscrits et de cinq cents captifs. L'injonction du descendant d'˙Aly lui pesa. Il ne savait comment faire face à cette demande. Il connaissait que de la part de notre souverain, à qui Dieu donne la victoire! elle était péremptoire, et il ne pouvait tergiverser, tant était grande l'impression que produisait sur lui et les membres de son Conseil la renommée de sagesse et de hauteur de vues de ce descendant d'˙Aly, que Dieu le maintienne par sa grâce! Il se concerta avec les membres du Conseil, qui furent d'avis de répondre favorablement à la demande du seigneur imâm et (reconnurent) que se conformer à son ordre partout obéi, que Dieu l'exalte! était préférable et plus avantageux pour eux. Ils agitèrent la question pendant nombre de jours.

Nous nous rendions chez le roi pour

lui rendre visite, lorsque l'invitation nous en était faite.

Après qu'ils eurent tenu conseil au sujet de l'ordre du sultan et prétendu que les livres musulmans avaient été brûlés, d'après ce qu'on raconte en Espagne, ils nous dépêchèrent pour nous entretenir de l'affaire le premier secrétaire du Conseil et le Cardinal, chef de leur religion en même temps que représentant du pape qui est à Rome ; c'est à lui que ressortissent toutes les affaires intéressant leur religion ou soumises à leur conseil. Or comme le seigneur imâm, que Dieu l'assiste ! leur avait donné dans sa noble missive la latitude, s'ils ne trouvaient pas les manuscrits ou s'ils avaient des difficultés pour les réunir, de les remplacer en complétant le nombre de mille captifs musulmans, ils cherchèrent des prétextes pour laisser de côté une partie des mille ; mais ils ne purent l'échapper et furent obligés de se conformer (à l'ordre reçu). Lors donc que le seigneur imâm, que Dieu lui donne la victoire ! eut accepté, ils s'occupèrent de rechercher les prisonniers et de les rassembler.

Pendant tout le temps qu'on alla dans les provinces afin de réunir les prisonniers, le roi nous recevait, s'enquérait de notre santé et ordonnait qu'on nous conduisît dans ses jardins de plaisance et ses lieux de chasse; qu'on nous menât dans son palais visiter les appartements, les chambres et les jardins qu'il contenait. Il désirait par ce moyen nous procurer des récréations. Il ne laissa pas à Madrid une grande maison de ses principaux officiers et de ses serviteurs particuliers sans nous la faire montrer. Nous visitâmes tous les jardins et tous les lieux de plaisance qu'ils possédaient. Toutes les fois que nous le rencontrions, il manifestait sa bonne humeur et sa joie de nous voir, et il ne manqua jamais de nous honorer et de nous témoigner un bon accueil pendant la durée de notre séjour dans la capitale.

Il existe à Madrid un grand nombre de lieux de plaisance. Le roi y possède un palais immense que l'on appelle *el retiro*; c'est sa résidence d'été. Il est entouré d'un magnifique jardin de toute beauté et dont on admire les ruisseaux et les rivières. Au milieu de ce jardin est un grand fleuve dont les deux rives sont couvertes de belles constructions qui, pendant l'été, servent d'abri contre la chaleur. On y trouve des embarcations et des canots dans lesquels le roi monte pour se promener. A l'époque des froids, ce fleuve est entièrement couvert de glace, au point qu'un homme peut le traverser. On voit les chrétiens patiner avec adresse sur la glace. Toutefois ceux qui se livrent en plus grand nombre et avec le plus d'habileté à cette distraction sont des Hollandais et des Anglais; cela vient de ce que leur pays est situé du côté du nord, où la neige et la glace abondent partout et principalement sur les rivières. On prétend que les femmes hollandaises glissent sur la glace au moyen de chaussures munies de plaques de fer et atteignent ainsi, dans une matinée, des localités éloignées, pour y trafiquer et faire le commerce; le soir elles reviennent à leurs logis. J'ai vu des chrétiens qui patinaient sur ce fleuve en se tenant sur un pied et relevant l'autre: ils conservaient un équilibre parfait sans pencher d'aucun côté. Ils allaient ainsi comme l'éclair. Beaucoup de monde, à l'époque où le fleuve est gelé, entre dans le jardin pour voir et se récréer; on y rencontre des chrétiens et des voitures chargées de femmes et d'hommes en si grand nombre qu'il en devient trop étroit. Quand arrive la saison d'été et pendant que le roi y habite, ceux-là seuls qui ont l'habitude d'être admis, entrent dans le jardin.

Dans ce jardin est un large pilier (piédestal) en marbre surmonté d'un grand cheval de cuivre rouge. L'animal se dresse sur ses pieds de derrière et est recouvert d'une selle en cuivre; on y a placé la statue, également en cuivre, de Philippe IV, père du actuel: il est représenté à cheval et tenant un bâton à la main. Il est, en effet, dans leurs usages d'en tenir un à la main; ils l'appellent *el baston*. On prétend qu'à l'époque où les chevaux sont en rut, les habitants amènent la jument qu'ils veulent faire couvrir et la tiennent devant la statue du cheval, dans laquelle ils montent un mécanisme; au moyen de ce mécanisme l'animal fait entendre un son et un bruit pareils au hennissement du cheval. Ils présentent alors un étalon qu'ils ont choisi de préférence, pour que le produit de la jument soit pareil au type du cheval de cuivre.

Nous avons vu également un cheval semblable dans un autre palais appartenant au roi et situé en dehors de la ville. La maison se trouve dans un jardin, sur le bord du fleuve qui passe sous la ville. Le cheval est dans la même position que le premier et surmonté de même de la statue de Philippe IV, père du roi.

Charles II possède un grand nombre de jardins et de lieux de plaisance hors de la ville de Madrid; ce sont des endroits renfermant beaucoup de gibier. Personne ne peut y chasser, quel que soit son rang. Un jour il envoya auprès de nous le comte chargé de pourvoir à nos besoins; il lui avait donné l'ordre de nous conduire à ce rendez-vous de chasse et de nous y laisser chasser. Cet endroit est situé à six milles de la ville de Madrid. On y trouve une grande maison qu'on appelle le *Pardo* [1]; son père l'avait fait construire. C'est une grande maison dominant la rivière de Manzanarès qui passe à Madrid. Ce lieu de chasse abonde en bêtes sauvages telles que daims, sangliers, lapins; ces animaux sont d'autant plus nombreux que personne ne peut chasser dans toute la partie réservée au roi; elle est gardée pour lui seul et il n'accorde à aucune personne de son entourage l'autorisation d'y chasser. On prétend que la permission qu'il nous donna était une faveur qu'on ne l'avait jamais vu accorder auparavant à personne. On raconte même que l'ambassadeur de France et celui d'Allemagne sollicitèrent cette faveur et qu'il la leur refusa.

1. Le *Pardo* est situé à 12 kilomètres de Madrid, sur la rive droite du Manzanarès.

Il y a aussi dans cette chasse une espèce de loups plus grands que celui de notre pays; c'est un grand loup de couleur fauve, plein de férocité et de force. Nous cherchâmes à le voir pendant que nous chassions en cet endroit, mais ne pûmes y parvenir. Un jour que le roi alla chasser, il tua un de ces animaux et le fit transporter à son palais. Dès qu'il fut arrivé, il nous envoya chercher pour le voir, car il savait que cette espèce n'existait pas dans notre pays. Ils appellent cette espèce de loups *lobo* (loup) et la petite espèce qui se trouve chez nous, ils la nomment *el sorrah*[1]. Ils attribuent à la grande espèce la force et la férocité. Peut-être est-elle la même qu'on dit exister en Égypte. L'animal a la grosseur, ou à peu près, du tigre (*nemr*.)

Cette ville, c'est-à-dire Madrid, bien qu'elle eût été la résidence de quelques-uns des ancêtres du roi (Charles II), n'a-

---

1. En espagnol, *zorra* signifie la femelle du renard.

vait pas atteint le degré de civilisation et de grandeur auquel elle est parvenue aujourd'hui; l'on n'y voyait pas ces rues larges et spacieuses. Avant le règne du père et de l'aïeul de ce souverain, la résidence royale était une ville appelée Valladolid, à trois journées de Madrid. Quand son aïeul se fixa dans la nouvelle capitale, la population s'accrut et avec elle augmenta le nombre des bâtisses et des habitations ; car la plupart des chrétiens notables de l'Espagne y habitent avec le roi et quiconque possède une province ou une ville y laisse quelqu'un chargé de le représenter.

Les marchés de cette ville sont très grands et très vastes, et pleins de marchands, d'acheteurs et de marchandises, d'artisans et de gens de métier de l'un et de l'autre sexe. A ces marchés se rendent tous les habitants des villages et des hameaux voisins de Madrid; son territoire embrasse, en effet, un grand nombre de villages.

Les villageois apportent à la ville toutes

8.

les sortes d'aliments, de comestibles et de fruits qui se vendent. Le pain même, sauf une faible quantité, ne se fabrique pas à Madrid, et la plus grande partie de ce qui s'en consomme vient des villages du dehors. Ce sont les femmes qui se chargent de cet approvisionnement : elles apportent le pain, montées sur des bêtes de somme et, assises sur le dos de leurs bêtes, elles stationnent dans le marché pour le vendre. Quelques-unes d'entre elles se rendent dans les maisons pour fournir à chacune la quantité dont elle a besoin, car il est d'usage chez les chrétiens qu'aucun d'eux ne pétrit chez lui et toutes ses provisions sont tirées du marché.

Il y a au marché un nombre considérable de boutiques où l'on fait cuire les mets et les apprête pour les étrangers, les gens de passage et les voyageurs qui n'ont pas de domicile habituel. L'homme entre dans les boutiques et commande à la femme qui s'y trouve de lui servir tel mets qu'il désire : viande, poulets, poisson ou autre, suivant ses goûts et son appétit. Il mange et boit; puis il paye à la femme le prix de ce qu'il a consommé.

On trouve dans ce marché une quantité innombrable de viande d'animaux sauvages et d'oiseaux morts sans avoir été égorgés [1]; quelques-uns sont encore en vie, à la disposition des personnes qui désirent recueillir le sang pour le manger.

Tu trouves également dans ce marché des fruits frais et secs en nombre illimité, attendu que les pommes, les raisins et les poires s'y vendent toute l'année jusqu'à l'arrivée des produits de la nouvelle récolte. La plupart des fruits frais sont apportés des montagnes de Grenade et de Ronda, malgré la distance qui sépare ces deux villes de Madrid; l'élévation du prix y attire de partout toutes choses. De même, tu rencontres encore dans ce marché une grande quantité de poissons frais qu'on apporte de la mer, après un trajet de sept jours, du pays d'Alicante et du

---

1. On sait que chez les musulmans il est défendu de manger de la chair d'un animal qui n'a pas été égorgé suivant le mode prescrit par la loi.

côté du Portugal. Au milieu de ces marchés en est un grand, carré et qui contient de vastes boutiques; au-dessus de celles-ci s'élèvent des chambres, des balcons et des habitations, sur six étages, le tout plein d'habitants, tant gens de ces marchés que d'autres. On prétend que cette place renferme quatorze mille habitants mariés. Ce marché est occupé par une agglomération de gens de métier, d'artisans et de commerçants des deux sexes. On appelle cet endroit la *plaza Mayor*, ce qui signifie le grand marché [1].

Au milieu de son esplanade, une foule de femmes vendent du pain, des légumes, des fruits et de la viande de toute espèce.

C'est sur cette place que les Espagnols célèbrent leurs fêtes et leurs foires, telles que la fête des taureaux et autres. Il est, en

---

1. Cette grande place, qui a servi de théâtre aux auto-da-fé, aux exécutions criminelles et politiques et aux fêtes publiques, tournois ou *corridas*, que les rois présidaient du balcon de la *Panaderia*, a été refaite par les ordres de Philippe III, dont la statue équestre s'élève au centre sur un piédestal qu'entoure une grille de fer.

effet, dans leurs habitudes que quand vient le mois de mai, le 10 ou le 15 du mois, ils choisissent des taureaux vigoureux, gras, et les amènent sur cette place, qu'ils décorent de toutes sortes de tentures de soie et de brocart; il s'asseyent dans des salons donnant sur la place et lâchent les taureaux un à un au milieu de celle-ci. Alors, quiconque prétend à la bravoure et désire donner des preuves de la sienne arrive, monté sur son cheval, pour combattre le taureau avec l'épée. Il en est qui meurent et d'autres qui tuent (l'animal). L'endroit de cette place où se tient le roi est connu. Il assiste à ce spectacle accompagné de la reine et de toute sa suite. Le public, suivant le désir plus ou moins grand de chacun, est aux fenêtres, car elles se paient ce jour-là seul, ou une journée de fête semblable, pour une seule place, autant que le loyer d'une année entière.

J'ai assisté là à une fête que les Espagnols célébraient sur cette place en l'honneur d'un de leurs religieux qu'ils appellent

San Juan[1]. Ils disent qu'il appartenait à l'ordre des moines et que sa vie fut édifiante, suivant leurs croyances religieuses. Ils ont vu de lui des choses imaginaires que Satan leur fait prendre pour des réalités et qu'ils appellent *miracles*, mot qui veut dire « démonstrations. » Il y a environ cent ans qu'il est mort. Cette année, ils prétendent que le pape a reconnu comme authentique ce qui le concerne et leur a conséquemment permis de le porter en procession pour que les gens le voient et le connaissent. Ils ont donc choisi ce jour pour sa fête, après s'être réunis en masse : ils ont orné son église de toutes sortes de tentures en soie et en brocart, paré sa statue de riches vêtements incrustés de perles et de rubis et pavoisé toutes les rues depuis l'église jusqu'à la place. Ils ont aussi décoré la place de toutes les manières et y ont suspendu les rubis et les joyaux pré-

---

[1]. Il s'agit sans doute de saint Jean-de-Dieu, fondateur des frères de la Charité, né en 1495 à Monte-Major-el-novo, petite ville de Portugal, mort en 1550, canonisé le 16 octobre 1690.

cieux, et les croix d'or incrustées de pierreries inestimables.

Le roi a réuni à cette occasion toute sa cour et nous a fait préparer un emplacement en face de celui qui lui est destiné; il l'a fait richement orner comme le sien et nous a envoyé inviter à assister à la cérémonie, voulant par là nous distraire et nous récréer. Nous nous sommes donc dirigés vers cet endroit; nous y avons trouvé une multitude compacte d'hommes et de femmes pour laquelle, malgré ses dimensions, il était devenu trop étroit, et avons beaucoup souffert de l'encombrement de la foule. Dans les marchés et dans les rues il y avait encore plus de monde que sur la place. Ayant gagné l'endroit qui avait été préparé pour nous, nous y sommes montés. A peine étions-nous assis en face du roi que celui-ci nous a salués à plusieurs reprises, a levé son chapeau [1] et pris place ainsi que la reine et sa mère,

---

[1] *Chemrir*, transcription marocaine du mot *Sombrero*.

entouré de sa suite et de ses ministres. Alors a défilé la procession avec la croix et les images et la statue de ce moine que le pape les a autorisés à fêter. Ils lui ont élevé de nombreuses églises dans chaque ville ou village ; ils ont aussi institué dans chaque localité, suivant l'importance de la ville ou du village, une fête en son honneur.

Les moines de son ordre sont ceux qui s'occupent de traiter les malades, de les servir, etc. ; car, comme de son vivant il faisait partie des moines adonnés à cette œuvre, tous se sont mis à fonder des hôpitaux dans ses églises et à se livrer avec beaucoup de zèle au soin des malades. Il existe, en effet, en Espagne une quantité innombrable d'hôpitaux : il y en a, dans la ville de Madrid, quatorze qui sont immenses, très propres et entièrement pourvus de lits, de provisions de bouche, de boissons, de remèdes, et du personnel nécessaire aux malades. Ils mettent, pour les femmes malades, des femmes âgées qui les servent et les soignent, et pour les hommes, des infirmiers de leur sexe. Ces établissements sont dans un état parfait d'entretien, et le traitement a lieu sans que le malade soit privé de rien dont il ait besoin, soit peu, soit beaucoup. J'en ai visité plusieurs; j'y ai vu que les dépenses étaient faites sans aucune parcimonie. Dans chaque hôpital, il y a un certain nombre d'armoires garnies chacune de tout le nécessaire : huile, vinaigre, remèdes, boissons. J'ai trouvé dans la cuisine, en fait de viandes, du mouton, des poules, des lapins, des perdrix, du porc, etc., pour l'usage des malades.

Quand le médecin est entré auprès du malade, qu'il lui a tâté le pouls et a reconnu son état, il écrit un papier qu'il remet au gardien, et celui-ci le donne aux serviteurs attachés à la cuisine, lesquels apportent ce que le médecin a prescrit. J'ai vu aussi chez eux une autre chambre qui contient les effets des malades. Voici ce qui se passe : lorsqu'un malade entre à l'hôpital, on lui enlève tous les vêtements qu'il porte, on les dépose dans la chambre destinée à cet objet; on y attache une étiquette sur laquelle on inscrit la nature des effets et le nom de leur propriétaire, et on revêt celui-ci d'autres habillements qu'on tient là tout prêts pour les malades et qui sont achetés sur les fonds dont l'hôpital est doté.

On lui fournit un lit garni de deux couvertures, de deux draps et d'un oreiller. Chaque huit jours on lave les vêtements qu'il a sur lui et on lui en donne d'autres. Une fois guéri, on lui rend les habillements avec lesquels il est venu et il s'en va où bon lui semble.

Si le malade meurt, il est enveloppé dans un linceul aux frais de l'hôpital et l'on s'enquiert de sa famille, à laquelle on remet les effets qu'il a laissés dans l'établissement.

Chacun de ces hôpitaux possède un médecin auquel on assigne une maison d'habitation à proximité de l'hôpital; le loyer en est payé ainsi que toutes ses provisions de bouche, les choses de première nécessité pour lui et ses domestiques, et tous ses frais d'entretien sur les revenus dont jouit l'établissement, afin qu'il se trouve toujours présent et qu'il ne soit ni absent, ni préoccupé de ses moyens d'existence.

Ces religieux, qui appartiennent à l'ordre du moine saint Jean, se consacrent pour la plupart au service des malades ; ce qui constitue pour eux un article de foi.

Un de nos compagnons étant tombé malade pendant notre séjour dans la ville de *San Lucar*, les religieux de cet ordre, qui venaient nous faire visite tous les jours, nous demandèrent, quand ils virent le malade, de le transporter dans leur établissement pour le traiter et lui donner leurs soins. Mon refus les surprit beaucoup. « Nous voulions faire une bonne œuvre, dirent-ils, et nous ne pensions pas que tu nous en empêcherais. » Ils insistèrent de nouveau, mais je ne leur cédai point. Ils continuèrent de venir visiter le malade jusqu'à ce qu'il guérît.

L'on aimerait, à cause de cette croyance qu'ils ont, de leurs bonnes qualités et de leur caractère paisible, qu'ils se trouvassent dans la droite voie ; car ce sont les gens de leur nation doués du meilleur naturel et les plus tranquilles. *Mais Dieu guide qui il veut vers un droit chemin*[1].

Il existe aussi au marché de Madrid un lieu destiné aux correspondances et aux lettres provenant de toutes les villes, régions et provinces.

En effet, chaque jour de la semaine, arrivent des lettres de quelque ville. Quiconque attend une lettre se rend aux boutiques établies dans ce but et regarde s'il lui est venu quelque chose ou non. Trouve-t-il une lettre, il en acquitte le port pour une somme déterminée, équivalente au quart d'une once de notre pays[2]. De même, celui qui veut envoyer sa missive dans un pays l'écrit aussi et la jette à l'endroit connu, sans rien payer pour l'envoi, attendu que c'est celui qui la reçoit qui acquitte le port. Cela se pratique de la

---

1. Qor'ân, *Sur*. II, v. 209.

2. La valeur de l'once varie chaque jour au Maroc ; d'après le tarif officiel de la douane elle vaut actuellement 16 cent. environ.

sorte pour les villes distantes d'un demi-mois et moins, quelle que soit la ville. Mais pour les pays éloignés comme l'Italie, Rome, Naples, les Flandres, la France, l'Angleterre, etc., qui sont très loin, le port d'une lettre provenant de l'un de ces pays se paie son poids d'argent. Ces lettres produisent de très grandes sommes.

Au mois de février, il est arrivé d'Italie et de Rome un courrier apportant des lettres dont le poids total était de cinquante-trois rob's (quarts) ; ce qui produisit une somme de treize quintaux et quart [1] d'argent. Ce service est entre les mains d'un comte qui s'appelle *Comte Yáty*; on prétend que le roi le lui a donné pour en vivre ; tous les courriers sont sous sa dépendance. Leur usage à cet égard est que le courrier qui se dirige vers un pays emporte toutes les lettres réunies pour cette destination et voyage à marches forcées, sans arrêt ni interruption. Toutes

1. Il nous est impossible jusqu'à présent de savoir à quel poids en kilogrammes correspondait ce quintal.

les fois que sa monture est affaiblie ou fatiguée, il la change moyennant un salaire déterminé, dans une des hôtelleries[1] établies sur les routes pour les voyageurs et les courriers, comme nous l'avons dit précédemment. La distance fixée pour le changement de monture est de neuf milles. Le courrier ne peut pas dépasser ce chiffre. Il franchit la moitié du chemin qui conduit au pays vers lequel il se dirige ; là, il rencontre le courrier de ce pays, qui arrive ; ils échangent les correspondances et chacun d'eux revient à son point de départ. Chaque jour l'on a donc des nouvelles de tous les pays.

On emploie à Madrid un moyen autre que les lettres pour donner les nouvelles. Voici ce que c'est : lorsqu'il arrive une nouvelle de pays très éloignés, il y a une maison où se trouve une imprimerie[2] dirigée par un seul homme, qui paye pour cela au roi une redevance fixe, au com-

---

1. *Bayntah,* esp. *venta.*
2. Litt., *un moule d'écriture.*

mencement de chaque année. Toutes les fois qu'il entend une nouvelle ou qu'elle parvient à ses oreilles ou qu'il la découvre, il réunit de toutes ces nouvelles tout ce qu'il peut et, *les versant dans le moule*, il en imprime un millier de feuilles qu'il vend à un prix modique. Un homme, qui en tient à la main une énorme liasse, crie : « Qui veut acheter les nouvelles de tel et tel pays ? » Ceux qui désirent les lire en achètent une feuille. Ils l'appellent la *Gazette*[1]. On y lit beaucoup de nouvelles ; mais elles sont, pour la plupart, exagérées et mensongères dans le but d'exciter la curiosité des gens.

Par le courrier arrivé d'Italie et de Rome et dont il vient d'être fait mention, on a reçu la nouvelle de la mort du pape qui est à Rome[2], que Dieu l'envoie rejoindre les grands de sa nation ! Jusqu'à présent, personne n'a été élu pour le remplacer.

1. *El gasêtah*, esp. *gazeta*.
2. Alexandre VIII. élu pape en 1689, mort en 1691.

Pendant notre séjour à San Lucar a eu lieu l'élection d'un autre personnage à sa place. Cette dignité, chez les adorateurs de la croix, est très importante, attendu que celui qui en est investi leur explique les dogmes et les jugements, leur édicte les lois, leur ordonne de faire ce qu'il veut et leur défend ce qui lui déplaît, au gré de son caprice. Il leur est impossible d'avoir une opinion différente de la sienne, et ils ne peuvent que se soumettre, car le contredire serait pour eux sortir de leur religion.

L'élection de ce pape se fait de la manière suivante : Au-dessous de lui sont soixante-douze religieux faisant partie de leurs plus grands savants ; tous portent le titre de cardinal. La dignité de cardinal, chez eux, est inférieure à celle de pape. Lors donc que le pape meurt et est envoyé en enfer où il est livré au feu éternel, chacun des soixante-douze entre dans sa chambre, se ferme dedans et se met en prières, à ce qu'il croit, de façon à n'être en communication avec personne et à ne parler à qui que ce soit. On lui apporte seulement sa nourriture. Il demeure ainsi quatre mois. Une fois ce délai expiré, chacun d'eux réfléchit en lui-même pour savoir quel est celui des soixante et onze personnages que, d'après lui, il agréera et choisira comme offrant toutes les garanties de confiance, de loyauté et de piété. Il écrit alors son nom sur un morceau de papier et le dépose dans une boîte fermée de manière à ce que personne, ni lui ni les autres, ne puisse voir l'intérieur.

Chacun des dits cardinaux écrit autant de bulletins qu'il choisit de personnes et dépose le bulletin à l'endroit préparé pour cet objet. Quand le jour fixé à cet effet est venu et qu'ils ont fini d'écrire et de choisir, ils se réunissent en assemblée, ouvrent la boîte et lisent les bulletins. Celui dont le nom se trouve inscrit le plus grand nombre de fois sur les bulletins, ils l'acceptent à l'unanimité et l'investissent de la dignité papale, après qu'ils ont pris de lui les engagements et les pactes les plus formels d'observer les conditions déterminées chez eux de loyauté et de sincérité, et que lui-même a reçu d'eux les promesses prescrites en cette circonstance. Dès lors il est pour eux le pape. Ils ont l'habitude, que Dieu les anéantisse ! de ne choisir qu'un vieillard ayant dépassé sa quatre-vingtième année. Celui qu'ils ont élu pape, cette fois, est moins âgé. Ils ont prétendu que personne de son âge n'avait été, avant lui, préféré aux autres.

Avant ces dernières années, il existait chez eux un autre usage : on n'élisait à ces fonctions qu'un Italien de la province de Rome et de son territoire, pour un motif qui les avait forcés d'agir ainsi, et qui est qu'ayant élu un pape qui appartenait à la nation française, celui-ci se mit à amasser des richesses qu'il envoyait secrètement dans son pays. C'est pourquoi ils tombèrent alors d'accord que la papauté ne serait plus donnée ni à un Français, ni à un Espagnol, dont les nations sont puissantes et animées de l'esprit de parti, mais qu'on en investirait quelqu'un originaire de l'Italie, des États romains et de leur dépendance. Celui qu'on nommerait serait un des parents du pape, et personne autre que lui ne pourrait rien entreprendre dans la totalité des provinces italiennes. Le pape qu'on a élu cette année, après la mort de son prédécesseur, est originaire du pays de Naples, qui fait partie de l'Italie, mais se trouve cependant aux mains des Espagnols[1]. Cette règle a été enfreinte cette fois, et la dignité papale a donc été confiée à quelqu'un qui est d'une province appartenant à l'Espagne.

C'est ce pape qui impose aux chrétiens le jeûne à certains jours de l'année, pour un motif qu'il leur interprète, et qui leur défend de manger de la viande le vendredi et le samedi. Il leur tient, suivant sa manière de voir, tel langage qu'il trouve bon et leur interdit d'épouser une proche parente ou une nièce, soit du côté paternel, soit du côté maternel, à moins d'avoir

1. L'ambassadeur veut parler d'Innocent XII, Antoine Pignatelli, né à Naples, pape de 1691 à 1700.

obtenu son autorisation. Cette autorisation coûte beaucoup d'argent, celui qui veut avoir la permission d'épouser sa proche parente ayant à dépenser de fortes sommes pour les intermédiaires et les frais de route, à une si grande distance. Il n'a de facilités qu'autant qu'il est puissant et riche ; il trouve alors la voie ouverte pour obtenir l'autorisation de se marier. Le pape accorde aussi aux chrétiens la permission d'épouser une proche parente, lorsqu'il y a eu entre un homme et une femme des relations intimes suivies d'une grossesse et que cette femme est sa proche parente. Dans ce cas, l'autorisation est donnée d'une manière générale, sans qu'il soit besoin de recourir au pape.

J'ai vu à Madrid une jeune femme très belle, d'une des plus grandes familles d'Espagne et qu'avait épousée son oncle maternel, don Pedro d'Aragon, issu des rois d'Aragon. Il avait épousé sa nièce avec la permission du pape. Comme il était avancé en âge, il craignait de mourir sans postérité et sans personne qui héritât de ses biens. Il prit donc l'autorisation du pape, épousa sa nièce et, étant mort bientôt après, il lui laissa une fortune incalculable, après avoir exprimé à un des principaux personnages (du royaume) le désir qu'il la prît pour femme. Mais on ne put rien obtenir d'elle, attendu qu'elle était de nationalité espagnole : elle était fille du duc de Medina Celi, qui remplissait auprès du roi les fonctions de ministre et de chambellan, et avait ses entrées dans sa chambre à coucher ainsi que d'autres privilèges. Il jouissait en outre de celui qu'il avait hérité de ses ancêtres *ab antiquo*, ainsi que son père et son aïeul, en sa qualité de descendant des rois d'Espagne et qui consistait en ce que, lorsqu'il saluait le roi, il lui disait : « Nous venons après vous, » c'est-à-dire que la couronne lui reviendrait si la descendance du roi venait à s'éteindre et qu'il mourût sans laisser un héritier du trône. Lui et ses ancêtres avaient exercé cette prérogative du temps des aïeux du roi actuel et sous le règne de celui-ci jusqu'au jour où, il y a de cela neuf ans, dit-on, le roi, ennuyé et irrité d'entendre cette phrase qui lui était d'autant plus désagréable qu'il n'avait pas d'enfant, lui dit : « Ces paroles que je t'entends répéter si souvent me sont insupportables ; je veux que tu cesses d'en faire usage et que ni toi ni tes descendants, après toi, ne recommenciez plus à les prononcer ni à les guetter. » En conséquence, comme il ne pouvait agir autrement et qu'il lui fut suggéré d'obtempérer à cet ordre, il renonça à l'emploi de cette phrase. Il conserva néanmoins ses fonctions de ministre et ses autres privilèges jusqu'à ce que, le roi l'ayant chargé d'une affaire pour laquelle ce ministre préférait une solution tout opposée, il désobéit à l'ordre reçu et n'en fit pas cas. Le roi voyant sa persistance à contrecarrer ses désirs (en fut très irrité) : le ministre avait une clef à l'aide de laquelle il entrait partout où le roi se trouvait ; il vint un jour et trouva la porte fermée en dedans. Ayant cherché à l'ouvrir, il ne put y parvenir. Il frappa alors à la porte jusqu'à ce que le roi s'étant levé vînt voir qui frappait. Quand il ouvrit la porte, il aperçut son ministre et la referma aussitôt. Le duc de Medina Celi retourna chez lui en proie à la plus violente colère et ne sortit plus. Il fut sur-le-champ atteint de la maladie que nous appelons *noqtah* (goutte) et resta malade environ huit ans. Il a été envoyé en enfer cette année, pendant notre séjour à Madrid. Il laisse un fils qui est ambassadeur à Rome comme représentant du roi d'Espagne et son intermédiaire auprès du pape. C'est en effet une des coutumes (des nations chrétiennes) de s'envoyer réciproquement des ambassadeurs, de même que le fait aussi le pape, qui envoie à Madrid un grand personnage d'entre les docteurs de la religion; on l'appelle nonce [1] : il est le vicaire du pape pour les affaires ordinaires concernant les pratiques du culte et les lois (religieuses.)

Il y a également à Madrid un certain nombre d'ambassadeurs : il s'y trouve

---

1. *En-noünsiou*, en espagnol *muncio*.

aujourd'hui un ambassadeur d'Allemagne et un autre d'Angleterre. Antérieurement, il en était venu un de cette dernière nation ; après un séjour de quelque temps à Madrid, il s'éprit d'une femme, et les sentiments qu'il éprouvait pour elle le portèrent à se faire chrétien (catholique) et à suivre la religion des adorateurs de la croix ; car les Anglais n'adorent pas la croix. Dès qu'ils apprirent la nouvelle qu'il avait embrassé le christianisme, ils en nommèrent un autre à sa place. Lui est resté à Madrid, où il s'est marié, et le roi lui fait une pension dont il vit et qui s'élève à la somme annuelle de douze mille écus. Il a perdu tous les biens qu'il possédait dans son pays, attendu qu'il n'y tenait pas.

Il y a aussi à Madrid un ambassadeur de Venise[1] et (un) de Portugal ; mais ceux-ci sont établis à demeure avec leurs enfants et (s'occupent de) leurs affaires, tandis que les autres viennent dans le but de régler la question pour laquelle ils sont

1. Encore ici le texte porte *Balansiah*, Valence.

envoyés et s'en retournent immédiatement.

Avant ces derniers temps, il y avait à Madrid un ambassadeur de France. Par suite des querelles, des guerres et des hostilités qui ont éclaté actuellement entre les nations chrétiennes et dont nous allons mentionner les causes, s'il plait à Dieu, il est retourné incontinent auprès de son souverain.

La cause de cette inimitié qui existe aujourd'hui entre eux est due à deux motifs : Le premier est que le roi de France était arrivé au faîte de la gloire ; il rapportait tout à son propre jugement ; dominé par le désir d'étendre au détriment des autres souverains les limites de ses États, l'orgueil le dominait. Or il avait pour voisin un duc qui était à la tête d'une province sur laquelle aucun roi n'exerçait la suzeraineté et qu'il avait héritée de ses ancêtres, suivant la coutume pratiquée chez quelques rois étrangers (à l'islamisme), lorsqu'ils ont un certain nombre d'enfants : l'aîné devient l'héritier du trône et le frère cadet reçoit, avec le titre de duc, une partie du pays déterminée et connue ; il ne dispute pas le royaume à son aîné. Cependant si celui-ci vient à décéder sans postérité, le frère cadet devient l'héritier du trône, suivant les usages relatifs à la succession. Si, au contraire, il n'est point dans leur coutume que le second frère succède à l'aîné, quand celui-ci n'a pas laissé d'enfant, alors un autre que lui, de la lignée de son frère, hérite du trône, que ce soit le petit-fils ou le fils du petit-fils, ou bien un fils ou une fille de sœur. Ce duc gouvernait une portion de pays étranger à la nation française. Le roi de France voulut la lui enlever et mettre un autre à sa place. Malgré les reproches du pape, il persista dans sa résolution, sans se préoccuper des paroles du pape ni de ses remontrances. Mais comme tous les adorateurs de la croix sont sous la direction du pape, qu'ils ne peuvent rien faire sans son assentiment, que c'est à lui qu'ils demandent la plupart de leurs décisions et de leurs jugements, et qu'ils reçoivent de lui leur religion détournée du chemin de la vérité et de la bonne voie, suivant ainsi la route de l'égarement et de la perdition, il leur invente des dogmes d'après ce qu'il veut et ce qui lui plaît, et ils lui prêtent assistance dans des affaires où Dieu, qu'il soit exalté! a décreté la méchanceté et la perversité de ce souverain. Aussi ne résolvent-ils aucun litige intéressant leur religion, sans sa permission et ses conseils, et se conforment-ils à ses volontés en des choses nuisibles à leurs intérêts terrestres et à leur propre autorité.

Par suite des reproches que le pape adressa au roi de France et de la résistance qu'il opposa, l'inimitié éclata entre eux, parce que le roi de France avait refusé d'écouter le pape et persisté à agir d'une manière contraire à son opinion dans une pareille question, en enlevant à de puissants personnages leur rang et leur héritage, au mépris de coutumes qu'il n'avait pas le droit d'abolir. Ce sont ces circonstances qui amenèrent entre eux l'inimitié et la dispute.

Sur ces entrefaites des lettres furent également échangées entre le roi de France et l'empereur, roi d'Allemagne, au sujet de la trêve conclue par le premier avec le roi des Turcs, que Dieu le fortifie ! L'empereur l'invita à rompre la trêve et à renoncer à son alliance. Le roi de France ne fit aucun cas ni de l'empereur, ni de l'objet de son invitation ; ce qui devint un motif de haine entre eux. Aussitôt que cette inimitié eut pris naissance, les autres nations chrétiennes reprochèrent au roi de France sa persistance à contrarier l'empereur et son refus de se conformer à l'invitation qu'il lui faisait de rejeter la trêve. L'empereur jouissait parmi les nations chrétiennes d'une influence considérable, vu qu'il tenait toujours tête aux musulmans et était sans cesse occupé à leur faire la guerre. C'est pour ce motif qu'il portait le titre d'empereur et aussi parce que d'autres nations marchaient à sa suite dans la guerre qu'il soutenait. Les autres peuples, placés sous la direction du pape et également partisans de l'empereur, par haine des Français, prirent la résolution d'écrire au roi de France :

« Sache, lui disaient-ils, que ces actes
« que tu assumes et la conduite que tu tiens,
« te mettent en opposition avec la volonté
« du pape, sous la direction de qui nous
« sommes tous placés. Au mépris des
« coutumes établies, tu prives de leur rang
« de hauts personnages ; tu contrecarres
« le chef de notre religion et tu fais cela
« de propos délibéré. Or tu connais sur
« quels points porte le dissentiment. Parmi
« ceux-ci est ta trêve avec les Turcs et ta
« persistance à la maintenir. Tu es au
« courant aussi, car tu ne peux l'ignorer,
« de la guerre que l'empereur soutient
« contre eux. Suivant notre religion et
« d'après nos croyances, nous sommes
« tenus de l'aider et de marcher avec lui.
« Ainsi donc, ou tu rompras la paix que
« tu as conclue avec les Turcs et seras uni
« avec nous et l'empereur, ou nous pro-
« clamerons en conseil qu'il faut diriger
« les hostilités contre toi et te faire la
« guerre. »

Ils pensaient qu'en voyant leur entente et leur parfait accord à agir contre lui et à lui faire la guerre, le roi de France ne pourrait pas soutenir la lutte, mais s'adresserait à lui-même des reproches, et que, dans le cas où il persisterait à s'opposer à leur manière de voir et où ils l'attaqueraient tous ensemble sur terre et sur mer, ils le terrasseraient[1] et briseraient sa puissance.

Lorsqu'il vit quels étaient leurs communs projets, séduit par la gloire de leur tenir tête et n'écoutant que son inspiration, il leur répondit : « J'ai pris con-
« naissance des projets que vous avez
« formés en commun ; je désire que vous
« me les communiquiez revêtus de la
« signature de vos souverains, afin que
« je réfléchisse à ce que j'ai à faire et que
« je me consulte. » Ils agréèrent unanimement sa demande et il lut la décision arrêtée entre eux de lui faire la guerre s'il ne renonçait à la trêve conclue par lui

---

1. Litt., ils lui rompraient le dos.

avec les Turcs, s'il ne se soumettait à l'invitation de l'empereur de la rompre et s'il continuait à s'opposer à la volonté du pape; tous lui déclareraient la guerre. Il écrivit alors de sa propre main au-dessous de leur déclaration : « Ces nations sont les « ennemis des Français et les Français sont « les ennemis de ces nations, » et il leur envoya cet écrit. Quand ils reconnurent qu'il était déterminé à soutenir la lutte, devenue désormais inévitable, car eux-mêmes avaient signé la déclaration, les hostilités commencèrent pour ce motif sur terre et sur mer. Elles continuent jusqu'à présent. Les nations susmentionnées sont : l'Espagne, l'Allemagne, l'Italie, la *Souisah*, que les Européens appellent Suisse, et la Savoie. Le Portugal seul n'est pas entré dans la ligue formée pour cette guerre. Leur roi, invité à en faire partie, a refusé et n'y prend part ni à titre de confédéré ni comme ennemi. Il en est de même des Génois, qui ne sont pas entrés dans la coalition. Ils occupent une bande de terre et ont à leur tête un duc qu'ils appellent *grand duc*, à cause des diverses branches de l'administration placées entre ses mains. Loin de s'aventurer avec ceux-là dans la guerre, il a embrassé le parti des Français et a conclu avec le roi de France un traité en vertu duquel il lui fournit, moyennant une somme convenue, un nombre déterminé de navires qu'il doit trouver en mer partout où il les demandera. Les Génois ont conservé la paix avec les autres nations.

Les Anglais et les Hollandais n'étaient pas entrés non plus, avant cette époque, dans la ligue formée par ces peuples chrétiens pour faire la guerre, attendu qu'ils ne sont pas considérés par eux comme chrétiens, à cause d'une certaine dissidence entre eux, les Anglais et les Hollandais n'étant pas des sectateurs outrés du pape à l'instar des autres chrétiens adorateurs de la croix. Ces deux peuples partagent la même croyance et reprochent aux catholiques d'avoir fait des innovations basées sur l'erreur. Cependant tous suivent des dogmes erronés. Que Dieu nous en préserve ! A cause de cela, les sectateurs du Messie appellent les Hollandais *herejes* [1], mot qui signifie hérétiques [2]. Le roi des Anglais était mort [3] pendant que les chrétiens se faisaient la guerre ; il ne laissait pas d'enfant pour régner après lui sur son peuple, mais un frère appelé Jacques. Ce Jacques et sa femme étaient attachés en secret à la religion chrétienne, sans que personne de leur nation en eût connaissance. Lorsque son frère mourut, l'ordre de succession le désignant, il fallait nécessairement l'investir du pouvoir royal et le mettre sur le trône à la place de son frère. Les Anglais l'invitèrent donc à régner sur eux. Or il s'en défendit et refusa : c'était de sa part un artifice et une ruse. En effet, une fois qu'ils l'eurent pressé et qu'il vit leur impossibilité de placer un autre que lui sur le trône, puisqu'il était le seul héritier, il leur dit : « Je n'ac-

---

1. Le texte porte *er-rékis*.
2. *Rawáfed*.
3. Charles II d'Angleterre mourut en 1685.

cepterai votre demande et ne répondrai à
vos instances qu'autant que vous accomplirez un de mes désirs, qui ne peut vous
causer préjudice : il consiste en ce que
chacun suivra la religion qu'il préfère. »
Ils acceptèrent sa demande et accédèrent
à ses désirs, le couronnèrent et l'assirent
sur le trône. Mais à peine eut-il pris les
rênes du gouvernement que lui et sa femme
suspendirent des croix à leurs vêtements,
firent paraître un moine chrétien qu'ils
avaient auprès d'eux et, entrant dans l'église, célébrèrent la prière des chrétiens
(catholiques). Leur exemple fut suivi par
les personnes de l'entourage du roi qui
connaissaient ses intentions. Jacques voulut
aussi pousser ses sujets à adopter la religion qu'il pratiquait. Quand les Anglais
virent que leur roi professait une doctrine
différente de la leur et suivait la religion
des *gens de la croix*, ils eurent peur que cette
maladie ne gagnât les masses et qu'il ne
leur fût plus possible d'arrêter le mal. Ils
reprochèrent alors au roi d'avoir embrassé
cette religion et, réunis en assemblée, ils

décidèrent de le tuer. Ayant eu connaissance de leur projet, il s'enfuit avec la reine auprès du roi de France [1] et implora sa protection. Le roi de France résolut de le secourir et de le protéger, par haine des Anglais et en dépit d'eux. Ils lui adressèrent des réclamations, et des correspondances furent échangées qui se terminèrent par ces paroles du roi de France : « Vous êtes tous des ennemis pour moi, comme les autres chrétiens. Préparez-vous donc à me combattre jusqu'à ce que je rende, malgré vous, à son palais et à son royaume, le prince qui s'est refugié auprès de moi. » En présence de ces événements, c'est-à-dire du départ de leur roi et de la guerre qui éclatait entre eux et les Français, les Anglais se donnèrent pour roi le prince d'Orange [2], stathouder de Hollande ; car les deux peuples suivaient une même religion, vu que la même dissidence les séparait des catholiques. Le prince prit les

1. En 1688.
2. En 1689.

rênes du gouvernement et ils lui donnèrent le titre de roi. Ils décidèrent de faire la guerre à la France sur terre et sur mer.

Comme le *Bélad Falamank*, la Hollande, est limitrophe du pays de Flandre et que les (habitants du) pays de Flandre, dans le principe, faisaient aussi partie de la nation hollandaise, et suivaient la même religion et les mêmes croyances qu'elle; lorsque la Flandre devint une province dépendante de l'Espagne par la translation du comte, époux de la fille de Ferdinand qui était à Séville, ainsi que nous l'avons dit précédemment, et que la Flandre et toutes ses lois se trouvèrent placées sous l'administration des rois d'Espagne, (les habitants) furent obligés, à cause de la domination exercée sur eux, d'embrasser le christianisme et de suivre la religion de leurs gouvernants.

Le roi de France les a attaqués cette année avec une armée qu'il a d'abord fait partir avec son fils le dauphin, que Dieu l'éloigne ! et qu'il a ensuite rejointe. Il a dressé son camp devant la capitale du pays, la ville de Mons; il l'a assiégée pendant quelques jours, a braqué contre elle les canons et (lancé) les bombes et réduit les habitants à la dernière extrémité. La ville renfermait douze mille soldats de l'armée espagnole. Lorsqu'ils se sont vus serrés de près et ont craint de périr, ils lui ont livré la place, et il a pris possession de la capitale et de toutes ses dépendances, provinces, villages et villes. On a prétendu que ce qui était considéré comme en dépendant en fait de villages, de villes et de provinces se composait de plus de sept cents villes et villages. La conquête achevée, le roi a fait son entrée dans Mons le jour de la fête de Pâques, milieu du mois d'avril de la présente année[1]. Laissant ensuite l'armée avec son fils le dauphin, il est retourné à Paris sa capitale et la métropole de son pays. Son fils continue aujourd'hui à se trouver en face du prince d'Orange, le souverain des deux

---

1. Mons se rendit le 9 avril 1691. (*Art de vérifier les dates.*)

nations hollandaise et anglaise. On dit que l'armée du prince d'Orange est forte de soixante-quinze mille hommes et qu'il a en mer une escadre opposée à la flotte française. La flotte anglaise a mis en déroute, à ce qu'on prétend, celle des Français et leur a détruit quarante navires.

Les Français sont aussi en guerre avec les Espagnols sur terre et sur mer. Sur terre, ils ont assiégé une ville appelée Catalogne (sic), dans la province de Barcelone (sic) En face d'eux se trouve une armée espagnole commandée par le duc de Medina Sidonia surnommé Guzman. Pendant notre séjour à Madrid on craignait qu'elle ne fût attaquée par les Français ; aussi a-t-on envoyé à son secours quelques troupes sans importance. On était dans l'attente de ce qui s'était passé entre les deux armées. On a prétendu que, pendant ce mois, les Français avaient établi leur campement en face de l'armée espagnole et qu'ayant dressé contre elle et contre la ville de Barcelone les canons et les (mortiers à) bombes, ils avaient détruit un certain nombre de maisons. Par suite, les habitants de la ville s'étaient levés contre les Français qui étaient dans le pays et avaient intimé l'ordre de sortir à tous ceux d'entre eux qui étaient célibataires, ne laissant que les gens mariés. Après avoir achevé leur œuvre contre Barcelone, les navires français se sont dirigés vers la ville d'Alicante, dont ils ont détruit encore avec les bombes plus de six cents maisons. Les habitants d'Alicante ont enveloppé les Français qui se trouvaient également chez eux et les ont massacrés sans en épargner un seul : on a prétendu que le nombre des Français tués à Alicante s'élevait à trois mille. En apprenant que l'escadre française s'avançait vers Alicante et Barcelone, les Espagnols avaient envoyé des ordres pour faire revenir leur flotte qui était partie pour l'Océan dans le but d'aller à la recherche des vaisseaux de l'Inde, attendu que l'on tardait d'en recevoir des nouvelles et que l'époque habituelle de leur arrivée était passée : la flotte espagnole devait se diriger vers les villes d'Alicante et de Barcelone pour combattre l'escadre française. Mais quand elle arriva, les Français étaient retournés chez eux après avoir détruit tout ce qu'ils avaient pu et accompli tous leurs desseins : on ne trouva plus dans ces parages une seule voile française.

Les Français ont également d'autres guerres à soutenir contre les habitants de la Vénétie, de l'Italie, de l'Allemagne et de la Savoie.

La Savoie est un pays gouverné par un duc qu'on appelle duc de Savoie, et qui est entré dans la coalition formée contre les Français par les adorateurs de la croix. Cette année, une armée française s'est avancée vers la Savoie, en a serré les habitants de près et s'est emparée de tout ce pays, de ses villes et de ses villages, au point qu'il n'est resté au duc, qui en est le souverain, que la ville dans laquelle il est aujourd'hui assiégé; l'armée française continue de le bloquer et de l'assiéger. A cause de la guerre faite par le roi de France à l'Empereur par les motifs que nous avons mentionnés comme lui ayant donné naissance, on l'accuse d'aider le roi des Turcs, que Dieu le fortifie! et on prétend qu'il lui prête le secours de tout le matériel de guerre dont il a besoin, tel que canons, etc. C'est à cause du séjour de l'ambassadeur de France à Constantinople que l'on soutient qu'il lui donne assistance : la vérité est que les Français sont des gens très commerçants, et que la plus grande partie de leur trafic se fait avec les parages constantinopolitains. Les commerçants jouissent auprès du roi de France, que Dieu l'anéantisse! de beaucoup de considération et d'un grand pouvoir, car ces années-ci ils faisaient partie de son conseil et de son entourage. Il leur accordait tous les avantages utiles au commerce et favorables à leurs entreprises ; ce qui tourne à son propre profit et lui procure des richesses considérables, contrairement à ce qui se passe chez d'autres nations, les Espagnols, par exemple. Chez ceux-ci, en effet, celui qui se livre au négoce n'est compté pour rien, et c'est pourquoi les commerçants espagnols sont peu nombreux et l'on n'en rencontre pas qui voyagent à l'étranger pour faire le commerce, si ce n'est dans les Indes. La plupart des commerçants et des négociants qu'on trouve en Espagne sont des Anglais, des Hollandais, des Génois, etc. Le Conseil du roi de France est composé de marchands de sa nation, à cause de l'avantage qu'il y voit. Mais, quant aux Turcs, c'est de Dieu, qu'il soit exalté! qu'ils demandent la force et l'assistance, et il n'est pas vrai, ainsi que le prétendent ces ignorants, ces égarés, que le roi de France ait passé du côté de l'Empereur et se soit ligué avec lui contre les Turcs par le motif que l'année précédente (le sultan) avait délivré Belgrade[1] et ses alentours. Dieu, qu'il soit exalté! est le défenseur de sa religion. La nouvelle qui vient d'arriver en ce moment du roi des Turcs, que Dieu le seconde! est qu'il a réuni des troupes nombreuses et qu'il marche actuellement,

---

1. *Ebn el aghrâd* (sic). — Belgrade fut prise en 1688 par le duc de Bavière et reprise en 1690 par les Turcs.

avec la force et la puissance de Dieu, dans la direction de Vienne, qui est la capitale de l'Allemagne et le siège du gouvernement. On vient de publier ce mois-ci, dans les nouvelles imprimées par les Espagnols, suivant leur coutume, que le vizir du sultan Soliman s'est mis en marche avec son armée composée de cent vingt-cinq mille combattants, et que l'armée des Tatârs a opéré sa jonction avec l'armée des Turcs avec quatre vingt mille hommes. A leur arrivée à l'endroit habituel, ils ont rencontré le corps de troupes d'un capitaine au service de l'Empereur, campé sur un point et à la tête de six mille hommes. Les Tatârs lui ont livré bataille, ont fait quatre mille prisonniers et tué beaucoup de monde; il ne s'est sauvé qu'un petit nombre insignifiant. Du côté des Turcs se trouve une autre armée appartenant à un comte qu'on appele *Et-Tâkély* (Tœkœly). Il était précédemment tributaire du sultan, puis il s'est déclaré indépendant. Quand eurent lieu les événements qui se passèrent à Belgrade, Tœkœly revint se mettre sous la protection du sultan Soliman, que Dieu l'assiste! et se signala sur les *gens de la croix* par des faits d'armes qui lui ont valu des éloges pompeux dans leurs annales. On a dit que l'Empereur avait cherché plus d'une fois à détourner Tœkœly (du parti) du roi des Turcs, mais sans pouvoir y parvenir. Puis, quelque temps après, un des généraux de l'Empereur attaqua la troupe de Tœkœly et fit un grand nombre de prisonniers parmi lesquels se trouvaient sa femme et un de ses enfants. L'Empereur avait résolu de les faire mettre à mort, dans l'espoir de ramener ainsi Tœkœly; il ne l'a pas fait. Alors l'Empereur a envoyé en prison la femme de Tœkœly et ceux qui ont été faits prisonniers avec elle. Jusqu'à présent elle est chez lui sous sa surveillance[1]. Cela a rendu Tœkœly encore plus

1. L'épouse de Tœkœli fut gardée à Munkacs (où elle avait soutenu un siège glorieux de 1685 à 1688) jusqu'à ce que l'on eût rendu la liberté à Hœusler et à Doria. Tœkœli lui écrivit du camp de Widin, en avril 1691, de s'adresser au grand vizir pour qu'il lui rendît la liberté en échange de celle qu'il donnerait à Hœusler et Doria (De Hammer, *Hist. de l'emp. ott.*, XII, p. 531.)

audacieux et plus acharné contre les chrétiens. L'Empereur ne cesse pas d'implorer l'assistance de ses coreligionnaires et de conclure des traités avec les princes dont les possessions sont limitrophes des Turcs, afin qu'ils lui viennent en aide en occupant les Musulmans, que Dieu les fortifie! Telle est la nation qu'on appelle Pologne; car cette nation fait partie des États chrétiens, et elle possède des provinces et des villes sur les frontières du pays des Turcs : elle a un roi qui est aussi en guerre avec eux. On a prétendu que l'Empereur voulait faire entrer avec lui dans la guerre contre les Turcs la nation moscovite, qui occupe une contrée du côté du nord. Il était parvenu à obtenir le consentement de ce peuple, mais ensuite des motifs d'aversion sont survenus entre eux. Les habitants sont les sujets du roi de Moscovie ; on assure qu'ils sont très nombreux.

La nation espagnole a une coutume relative à ceux qui désirent arriver à la noblesse[1] et ne savent par quelle voie l'ac-

1. *El kabirah*.

quérir, ou bien n'ont aucune influence auprès du gouvernement pour obtenir un emploi qui les fasse vivre et les dispense de s'adonner au commerce ou à un autre métier : ils se dirigent vers l'Allemagne, quelque éloigné que soit ce pays, et y prennent part à la guerre contre les Musulmans, que Dieu les rende puissants ! Ils se munissent de témoignages et de déclarations attestant leurs services, leur bonne volonté et leur zèle. Une fois de retour en Espagne, ils montrent l'attestation dont ils sont porteurs et qui prouve le service qu'ils ont fait et la sincérité d'intention avec laquelle ils ont entrepris ce voyage. Par ce moyen, ils obtiennent la noblesse qu'ils méritent ou une situation pareille à celle de leurs égaux qui possèdent de l'influence ou qui ont un titre pour la demander. Telles sont les coutumes de ceux des soldats qui recherchent la noblesse. Quand quelqu'un, issu d'une des grandes familles du pays et dont le père possède un titre de noblesse comme duc, comte, marquis ou autre d'un degré inférieur, n'a pas de droit à hériter de la noblesse de son père, il se rend à une armée quelconque — les plus nombreuses et les plus sûres sont celles de l'Allemagne — et il assiste ou ne prend pas part à une guerre. Lorsqu'il s'en retourne, il emporte un témoignage du chef de l'armée attestant qu'il a été présent à telle guerre, en tel endroit, qu'il s'y est bien conduit et s'y est distingué par telle action d'éclat. En conséquence, il demande un titre ou une pension qui serve à l'agrandissement de sa position. Il est, en effet, dans les coutumes des Espagnols que l'héritage passe au premier-né, fils ou fille. Si donc un des notables parmi ceux qui portent ce titre vient à mourir, l'aîné des enfants hérite du titre et de toute la succession, de telle sorte que les autres frères, fussent-ils nombreux, sont privés de toute part d'héritage : ils n'ont que ce que leur père leur accorde de son vivant par don, cadeau ou dot qu'il fait à la fille ; car il est d'usage chez eux de donner une dot avec la fille. Si c'est la fille qui est l'héritière du titre de noblesse de son père et qu'elle épouse un homme portant un titre égal ou supérieur au sien, son mari est investi de l'héritage entier de sa femme, et elle prend le titre nobiliaire de celui-ci. Si elle a été mariée au fils d'un noble, qui cependant n'ait pas de titre nobiliaire ou ne soit pas l'héritier de son père, le mari, par son mariage, acquiert le rang et prend le titre de sa femme. C'est pour ce motif que tel qui n'est point héritier ne se marie pas, parce que son grand désir est d'épouser la fille d'un des notables, qui ait droit à l'héritage. Toutefois lorsqu'elle n'hérite pas, la coutume veut que son père lui fasse une dot de cent mille écus, chiffre fixé par le roi et qui n'est pas dépassé.

Les Espagnols ont aussi, par rapport à l'hérédité, d'autres usages qui ne suivent pas la règle ordinaire pour ce qui regarde la succession au titre de noblesse. Tel est le cas pour un des ministres du roi d'Espagne qu'on appelle connétable. La signification de ce mot est connue chez eux dans l'ordre nobiliaire. Cet usage, qui lui a été légué en héritage par ses ancêtres, consiste en ce que, s'il meurt sans laisser d'enfant mâle, sa succession et son titre de noblesse ne passent à aucun de ses parents, et celui qui en hérite est un étranger, un de ses serviteurs, le plus ancien parmi eux. Le connétable mort, on examine lequel de ses serviteurs est le plus ancien dans le service; et il est investi de toutes ses dignités et titres de noblesse : il devient ministre, etc. Quand il y a divergence sur la question de savoir quel est le plus ancien de ses serviteurs, on fixe une heure et l'on fait sortir de sa maison ceux qu'on connaît comme dignes de confiance et recommandables par leur piété. Au moment où ils sortent, le premier qui passe devant (les personnes apostées à cet effet) est appelé par elles et investi de la charge du défunt, qu'il appartienne à la classe élevée ou commune. Puis elles l'emmènent et le conduisent devant le roi. Après une enquête d'une heure, faite en présence du souverain, et l'heure passée, il lui ordonne de se mettre à sa droite, à la place qu'occupait le ministre qui est mort. Il lui ordonne ensuite de se couvrir la tête : le nouvel élu se trouve alors revêtu de la dignité de connétable et devient propriétaire de tous les meubles, biens, villes et provinces de son prédécesseur, attendu qu'il est d'usage parmi ces grands personnages qu'on rencontre chez les Européens qu'ils possèdent des gouvernements et des villes dont ils ont hérité depuis l'époque de leur conquête du pays et qu'ils ont alors distribués. Les descendants de ces ancêtres qui en ont reçu quelque portion n'en sont pas dépouillés.

Le connétable actuel a une fille et un neveu ; ni l'un ni l'autre n'héritera de rien parce que la coutume dont il s'agit les exclut de la succession. Il a aussi un fils naturel qui est aujourd'hui gouverneur de Qâlès (Cadix) : il n'héritera pas non plus.

Il existe chez les Espagnols un autre usage encore. Un personnage nommé le prince de Barcelone, dans la province de Catalogne, mourut en laissant une fille, la plus belle personne de son époque. Il lui légua des biens, des meubles, des trésors, des métairies, des villes et des villages, en nombre incalculable : l'héritage qu'elle fit comprenait toute sa succession. Celui-là seul devait l'épouser qui sortirait vainqueur, en sa présence, du combat livré à ses rivaux. Aussitôt que son père fut mort et que se répandit parmi toutes les nations chrétiennes la nouvelle de l'héritage qu'elle avait fait, de toute part accoururent des fils de nobles et de grands personnages demandant à combattre sous les yeux de la jeune fille ; chacun d'eux désirait ardemment obtenir sa main. Le terme assigné chez eux à la fin de cette lutte est de six mois. Lorsque celui qui veut se mesurer en champ clos avec d'autres prétendants est arrivé, il descend en dehors de la ville, après avoir passé devant la jeune fille, afin qu'elle le voie et le connaisse. (Les champions) se donnent rendez-vous pour un jour fixé et se dirigent vers le lieu du combat. Chacun des deux combattants s'étant préparé et ayant revêtu toutes les pièces de fer et les cuirasses qu'il peut porter, monte sur son cheval tenant dans la main une lance dont la pointe est munie d'une pierre de diamant, de manière à ce qu'elle s'enfonce dans le fer et ne le quitte plus. Ils se dirigent l'un vers l'autre et, la lance appuyée contre la poitrine de l'adversaire, ils luttent corps à corps. Celui des deux qui désarçonne l'autre demeure vainqueur. En attendant d'être vaincu à son tour, il se retire à l'écart, et dès cet instant la femme pourvoit à toutes ses dépenses jusqu'à ce que le dit délai soit expiré et qu'il ne reste plus personne qui veuille soutenir le combat. A ce moment, tous les vainqueurs qui se tenaient à l'écart quittent leur retraite, et un nouveau combat s'engage entre deux champions: au dernier qui sort vainqueur appartient, avec l'héritage, la jeune fille, qui devient sa femme.

On a prétendu qu'il était venu une foule de jeunes gens des plus nobles familles et qu'ils avaient pris part à ce tournoi. Parmi eux se trouvait un jeune homme, fils de l'oncle paternel du roi de France. Quand la jeune fille le vit, il lui plut et elle lui envoya le jour même de son arrivée, un présent et une collation, ce qu'elle n'avait l'habitude de faire pour personne. Son cœur s'était épris de lui.

Cette question et d'autres semblables ne suivent pas une règle unique. D'après leurs coutumes concernant l'hérédité, chacun agit à sa propre guise avant de mourir. Chez eux, l'homme a la disposition de tous ses biens et de toute sa fortune : s'il veut les donner à un étranger ou à une étrangère et priver ses enfants de son héritage, rien ne l'empêche de le faire. Lorsqu'il a légué sa fortune à un autre ou que celui qui a épousé sa fille en a hérité en sa qualité de gendre, l'héritier prend, à sa mort, le titre nobiliaire. Si c'est la fille qui a hérité de son père et que le mari n'ait pas de titre nobiliaire ou qu'il en ait un d'un rang inférieur à celui de sa femme, c'est lui qui reçoit le titre du père et entre en possession de tous ses trésors et de ses richesses. Les fils du défunt prennent un autre titre que celui de leur père.

C'est par suite de l'hérédité des femmes dans cette forme que la nation espagnole s'attend à être gouvernée par le roi de France, et cela pour l'un des deux motifs suivants : par droit d'héritage, si le roi d'Espagne n'a pas d'enfant. En effet, la fille de Philippe IV [1], sœur du roi actuel, ayant épousé le roi de France, a eu de lui un fils qu'on appelle le dauphin [2], que Dieu le jette dans le malheur ! et qui montre plus de ruse et de méchanceté que n'en a son père, Dieu veuille les anéantir ! Or si ce roi, Charles II, meurt sans laisser quelqu'un de sa lignée pour hériter du trône d'Espagne, ce trône écherra au fils du roi de France, par héritage du côté de sa mère. Le second motif est qu'il fait aujourd'hui la guerre aux Espagnols, qu'il se rend en personne aux armées et aux

1. Marie-Thérèse, née le 20 septembre 1638.
2. Né le 1er novembre 1661.

combats, tandis que leur roi est dans l'impossibilité de se porter lui-même au devant de l'ennemi et que, pendant tout son règne, il n'a jamais assisté à une guerre, à une bataille. Pour ces deux raisons et parce qu'ils s'attendent à avoir ce prince pour roi, ils se sont mis à apprendre le français et à le faire enseigner à leurs enfants, dans les lieux de réunion, sans se soucier ni se préoccuper de leur roi.

Les massacres dont les Français ont été victimes, cette année, de la part des Espagnols, excitent entre les deux peuples une haine violente et attise le feu de leur inimitié. Avant la mort du pape défunt cette année, on disait qu'il cherchait à les réconcilier; puis il est mort. Mais le roi de France, après qu'est survenu entre lui et le pape le différend dont nous avons parlé, s'est mis à agir et à prendre des décisions en dehors de lui.

L'opposition faite par les Hollandais et les Anglais aux dogmes de la croix a sa cause, à ce qu'on rapporte, dans le fait que des moines ayant eu avec le pape (des disputes qui amenèrent une haine et une inimitié acharnées), il finit par les emprisonner. Mais aussitôt qu'ils eurent été relâchés, ils s'enfuirent de chez le pape et se retirèrent auprès du roi d'Angleterre [1]. Ils se mirent à lui expliquer les dogmes de la religion dans un sens favorable à sa passion et, lui permettant même d'épouser une femme qu'il avait aimée, ils l'autorisèrent à la prendre avec la reine son épouse ; le pape le lui avait interdit et l'avait empêché de se marier du vivant de sa femme. Il se trouva donc en dissentiment sur ce point avec le pape et céda à la passion qui le dominait pour n'obéir qu'aux sentiments que son cœur lui dictait, quoiqu'il ne soit pas licite aux chrétiens, d'après leur religion, d'épouser plus d'une seule femme.

Les catholiques ne peuvent s'opposer en rien, peu ou beaucoup, aux décisions de ce pape ; car c'est lui qui leur explique

1. Le texte porte : du roi de France.

les dogmes et les jugements, ce qu'il faut manger pendant les jours de carême, et autres choses sur lesquelles les chrétiens d'Orient sont en désaccord (avec lui), bien que tous soient dans une voie de perdition. Ainsi, pendant leur carême, ils mangent tout le jour, comme nous les avons vus nous-même, et disent que c'est là jeûner. A la fin du mois de février, ils célèbrent en l'honneur du carême des fêtes et des solennités dans lesquelles ils se travestissent. Dès le premier jour de mars, leur carême commence : il dure quarante-six jours. Les quarante jours sont ceux imposés aux enfants d'Israël et les six en plus sont les dimanches compris parmi ces jours qui sont les jours du jeûne ; ce qui fait en tout quarante-six jours. Ce jeûne, tel qu'ils le pratiquent, ne consiste pas à s'abstenir de boire, de manger ou de cohabiter avec sa femme, mais seulement à se priver de manger de la viande, à ce qu'ils prétendent. Néanmoins les grands personnages ou ceux qui ont une excuse basée sur la maladie mangent de la viande avec l'autorisation du pape. Les autres, appartenant au commun du peuple, se nourrissent de poisson tous les jours du carême. Le pape a fait une autre invention en les autorisant à manger des œufs de poule les jours de carême, après qu'ils en ont obtenu la permission des moines. Ils payent pour l'avoir une rétribution déterminée, de la valeur d'un huitième d'écu par personne, jeune ou vieille. Le roi, à qui en revient le tiers, tire de ce chef des sommes considérables qu'il emploie à l'entretien de sa marine. Quant au pauvre, qui ne possède pas une pièce d'argent[1], on le rencontre mendiant dans les marchés pour réunir de quoi acheter la *boleta*[2], c'est-à-dire la permission de manger des œufs.

Leurs repas, durant le carême, ont lieu toute la journée. Quand un chrétien s'éveille, à l'heure où le soleil est déjà haut

---

1. Litt., un derham.

2. Le texte porte *el boulyah*; le copiste a évidemment écrit un *yd* au lieu d'un *td*.

sur l'horizon¹ ou après, il boit une tasse ou deux de chocolat avec ce qu'il peut y ajouter de biscuits², qui sont du pain pétri avec du sucre et du jaune d'œuf. A une heure après midi, ils font un repas copieux ; ceux des grands qui ne commettent pas de péché (en mangeant gras) ou qui sont excusés pour cause de maladie, mangent telles viandes qu'ils veulent. Ceux qui n'appartiennent pas à la classe des notables ou qui ont l'intention de jeûner, à ce qu'ils croient, mangent du poisson, des œufs, etc., et boivent du vin en telle quantité qu'ils le désirent, soit pur, soit mélangé (avec de l'eau). Ils boivent suivant leur bon plaisir toutes les fois qu'ils ont soif. Et même, à minuit, ils font un repas, léger à ce qu'ils prétendent, de la quantité d'une demi-livre, et dorment jusqu'au lendemain. Au moment où ils se réveillent, ils boivent (leur cho-

---

1. C'est ce que les Arabes appellent *doha*.
2. *Bichkouchou*, en esp. *bizcocho*.

colat) comme de coutume. Ainsi se passent tous les jours du carême. Les moines ont toutefois la permission de manger, les jours du carême, une demi-heure avant midi, avec l'excuse qu'ils consacrent une partie de la nuit à veiller et à faire ce qu'ils prétendent être des prières. Tous autres que les moines ne mangent qu'après que le milieu du jour est passé.

Les chrétiens ont, pendant le carême, un jour en plus du dimanche, qu'ils passent à écouter leurs prières impies et à entrer dans les églises, pêle-mêle, hommes et femmes ; c'est le vendredi. C'est pour eux une œuvre pie d'aller à pied ce jour-là. Chacun descend de son cheval ou de sa voiture et marche pendant une heure. Dès qu'il a soif, il boit. Ils observent leur carême de la manière susmentionnée jusqu'à ce que trente-huit jours soient écoulés. Alors commencent les fêtes qu'ils ont réunies dans ce carême, en commémoration de ce qu'ils prétendent être arrivé au Messie, d'après leur croyance.

Ainsi, le trente-neuvième jour, ils célèbrent la fête des Rameaux.

La fête des Rameaux est le jour où le Messie entra à Jérusalem, suivant leur évangile qui se trouve entre leurs mains et (où il est écrit) que, quand le Messie entra ce jour-là à Jérusalem, tous les enfants d'Israël sortirent à sa rencontre, après avoir tapissé le chemin et les rues de branches de palmiers et de feuilles d'arbres. C'est en ce jour que les enfants d'Israël cherchaient un témoignage contre lui pour se saisir de lui et le mettre à mort et qu'une grande multitude crut en lui, d'après ce qui est mentionné dans leur évangile ; mais ils ne purent le saisir ni le maltraiter ce jour-là à cause du grand nombre de gens qui crurent en lui. Les chrétiens célèbrent ce jour-là une fête : ils se réunissent à l'église, prêchent et récitent son histoire et ce qui lui arriva ; ils sortent la croix et la promènent dans les rues. Chacun des assistants tient à la main une branche de palmier ou un rameau d'olivier ou de quelque autre arbre frais et flexible, tel que le myrte et autre semblable; puis ils remettent la croix à sa place.

J'ai vu le jour des Rameaux le roi entrer dans une église située dans son palais et y écouter toutes les impiétés, que Dieu nous en préserve! qui lui étaient débitées ainsi qu'aux assistants par le prêtre préposé à l'administration de l'église. Après la cérémonie, il sortit avec tous les prêtres. les moines, l'archevêque, dont la signification est *moufti*, et le nonce, qui est le vicaire du pape. Les moines étaient vêtus de riches étoffes incrustées de pierreries. Chacun d'eux tenait à la main une branche de palmier. Ils portaient devant eux une croix en argent sur laquelle était une image couverte d'une étoffe de soie. Ils étaient précédés d'une troupe de petits moines qui excellaient à chanter et avaient des instruments de musique et autres semblables. Les religieux tenaient des papiers qu'ils lisaient en psalmodiant. Derrière eux venaient leurs supérieurs, que suivaient les plus hauts personnages de la cour. Le roi venait le dernier, ayant à la main une branche de palmier qu'on avait plantée avec les fleurs. Après avoir promené la croix autour du palais royal, ils la rapportèrent à sa place dans l'église. La même cérémonie est célébrée dans chaque église. On rencontre ce jour-là et les jours suivants tous les chrétiens portant chacun à la main une branche de palmier ou un rameau d'olivier ou de tout autre arbre.

Ce jour-là, comme le roi assista à la fête des Rameaux et que sa femme était absente, il nous envoya faire ses excuses de ce qu'elle n'était pas sortie et venue : une indisposition l'avait empêchée de quitter ses appartements, ce dont nous avions connaissance. Les excuses nous furent présentées par un (officier) que le roi commit à cet effet.

Le lendemain, ils se réunissent de même dans les églises, prêchent et récitent ce qui arriva au Messie après ce qui eut lieu pour les rameaux avec les enfants d'Israël, alors qu'ils s'excitaient contre lui et se consultaient sur les moyens de le saisir et de le tuer.

Le quarante-quatrième jour est la fête de la rupture du jeûne, celle qui est appelée la Pâque. Ce jour-là le roi fait apporter un repas préparé pour les indigents et, invitant treize hommes parmi les pauvres, il les fait entrer dans son palais et asseoir sur leurs sièges. L'archevêque, le *moufti*, et le nonce, vicaire du pape, arrivent et assistent le roi qui, de ses mains, présente la nourriture aux susdits pauvres et s'occupe en leur présence d'offrir les plats, de les changer et de les enlever comme le fait un domestique pour son maître, de telle sorte qu'il présente à chacun des treize pauvres trente plats de nourriture, sans viande, attendu que dans les jours de carême, les chrétiens n'en mangent pas. Quoique ce jour-là soit celui de la rupture du jeûne, ils l'ont compris dans les six qui sont en plus des quarante, ainsi que nous l'avons dit précédemment. Le roi leur donne à manger seulement du poisson de toute espèce et complète le nombre des trente plats avec toutes sortes de fruits frais et secs, de manière à les nourrir tous. Il leur distribue aussi l'eau et le vin. Lorsqu'ils ont fini de manger, le supérieur de l'église arrive ; il tient dans les mains la cuvette ; le nonce, vicaire du pape, porte l'eau, et le roi lave les pieds de ces pauvres et les essuie avec des serviettes préparées pour la circonstance. Dès qu'il a fini de les essuyer, il baise le pied de chacun d'eux et lui donne un vêtement et des pièces de monnaie. Ils s'en vont alors, emportant tout ce que le roi leur a remis, ainsi que les restes du repas et les plats dans lesquels il leur a été servi. On les voit vendre tout cela dans les rues, où la foule se précipite, à cause de la croyance qu'elle a que la bénédiction est attachée à cette nourriture.

La reine et la mère du roi font de même : chacune d'elles nourrit treize femmes pauvres et leur donne un repas semblable à celui que le roi a fait servir aux hommes.

Ce lavement des pieds est, dans leur croyance, d'après ce qui est écrit dans leur évangile, une œuvre pie et une pratique conservée à l'imitation de ce que fit le Messie le jour de la Pâque, c'est-à-dire que, le jour de la Pâque étant venu, il désira rompre le jeûne. « Où veux-tu que nous te préparions la Pâque pour manger ? » lui demandèrent ses disciples. « Allez, leur répondit-il, à tel endroit, qu'il leur nomma, jusqu'à ce que vienne à votre rencontre un homme portant une jarre d'eau. Suivez-le à l'endroit où il entrera et dites au propriétaire de la maison : « Le maître veut manger la Pâque chez toi. » Ils partirent donc et trouvèrent l'homme porteur de la jarre d'eau ; l'ayant suivi jusqu'à l'endroit qu'il leur avait décrit, ils dirent au propriétaire de la maison : « Le maître te dit : Prépare-lui la Pâque pour qu'il la mange chez toi. » En conséquence cet homme apprêta la Pâque et le Messie arriva avec ses disciples au nombre de treize. Il mangea la Pâque avec eux et, lorsqu'il eut fini de manger, il se leva debout, prit une serviette dont il se ceignit les reins et se mit à laver les pieds de ses disciples l'un après l'autre. Quand il fut arrivé à *Sam'ân es-safa* (Simon-Pierre), celui-ci lui dit : « Toi, me laver les pieds ! » Le Messie lui répondit : « Ce que je fais, tu ne le connais pas maintenant, mais tu le connaîtras par la suite. » Simon lui répliqua : « Jamais tu ne me laveras les pieds. — En vérité, je te le dis, reprit le Messie, si je ne les lave pas, tu ne seras pas des miens. » Alors Simon dit : « O mon Seigneur, tu ne me laveras pas seulement les pieds, mais bien les mains et la tête. » Le Messie reprit : « Si moi, votre maître, je vous ai lavé les pieds, à plus forte raison devez-vous vous laver les pieds les uns des autres. Je vous ai seulement donné ceci pour exemple, car, comme je vous ai fait, vous ferez aussi. »

Tel est le motif pour lequel le roi lave les pieds de ces pauvres. De même font les notables, les grands et tous les personnages qui, par la considération et la fortune, occupent un rang élevé.

Ils prétendent également que le Messie, pendant qu'il célébrait la Pâque avec ses disciples, leur dit : « L'un d'entre vous me livrera cette nuit. » Chacun d'eux se mit à protester de son innocence avec serment. Or il y avait parmi les treize disciples un homme appelé Judas l'Iscariote, qu'ils croient avoir été du nombre des disciples : le diable lui suggéra de s'entendre avec les juifs et ceux qui s'acharnaient contre le Messie, et le leur ayant vendu pour trente pièces d'argent, il le leur livra la nuit où il fut saisi pendant qu'il était à prier dans le jardin. Ce Judas arriva avec les gardes venus pour s'emparer de sa personne.

Pendant que le roi donne à manger aux pauvres le jour de Pâques et qu'ils s'en vont, tous les chrétiens, les prêtres et les moines, dignitaires et bas clergé, se rassemblent, sortent tout ce qu'ils ont de croix et d'images qu'ils adorent et les promènent dans toutes les rues de la ville. Ils portent un nombre incalculable de cierges allumés en plein jour. Personne ne peut se dispenser de porter les cierges et de marcher devant les croix et les images. Ils se rendent ainsi d'une église à l'autre, en manifestant avec cela leur affliction et leur piété. A ce qu'ils prétendent, le *crucifié* fut traité de cette manière. Conséquemment ils promènent son image qui le représente debout dans un jardin et dans l'attitude de la prière : un ange est descendu auprès de lui, tenant à la main la coupe de la mort, vers laquelle il tend la main pour la saisir. Puis ils promènent une autre image accompagnée d'une troupe de gardes : c'est ainsi, assurent-ils, qu'ils s'acharnèrent contre le Messie. Ensuite vient la figure du Messie, qui vient d'être flagellé et porte des traces de fouet entre ses épaules. Ils le représentent aussi portant sa croix sur son épaule. Puis ils le portent crucifié, et ensuite placé dans un sépulcre après qu'il a été descendu de la croix. Parmi les chrétiens, il en est qui imitent ce crucifié ; ils ont le visage couvert dans le but, croient-ils, de se cacher et pour ne pas être reconnus ; mais un de leurs serviteurs ou de leurs amis marche derrière eux dans la crainte qu'ils ne tombent évanouis à la suite des nombreux coups de fouet qu'ils s'appliquent sur le dos. On voit le sang leur couler sur les pieds. D'autres se crucifient : les mains et la tête attachés à une colonne de fer, ils se promènent en cet état dans les rues le jour où a lieu la procession ; ils ont le visage couvert pour ne pas être reconnus.

Le lendemain, les Espagnols sortent de nouveau l'image du crucifié, au moment où il vient d'être mis en croix, et le promènent ensuite descendu de la croix, puis enseveli dans le tombeau. Ils lisent en même temps des psalmodies pleines de tristesse. Ils le rentrent alors dans l'église et le cachent [1]. Ils font le tour (de l'église) avec des flambeaux et des cierges, suspendent à l'église des tentures noires,

---

1. Dans ces processions, le Christ est représenté par des statues de bois affectant les diverses positions dont il est question. Le texte emploie le mot *sourah*, qui signifie, figure, image, tableau, portrait. — Ces diverses représentations, appelées *pasos* en espagnol, sont portées, vu leur poids, par un grand nombre d'hommes.

ferment les portes des églises, ne sonnent plus les cloches et ne montent plus en voiture ni à cheval pendant les jours que dure la procession. Tous ces jours-là, tout le monde, grands et commun du peuple, va à pied. On raconte que Juan d'Autriche, frère du roi, dont il a été fait mention ci-devant, est celui qui défendit d'aller autrement qu'à pied pendant les susdits jours de procession.

Le lendemain, qui est le troisième jour de Pâques, à midi, ils ouvrent les églises, allument les flambeaux et les cierges, enlèvent les tentures noires, qu'ils remplacent par d'autres de couleurs différentes, et sonnent les cloches. Ils se livrent à la joie et impriment de petits papiers portant des figures qu'ils s'imaginent être celles des anges; entre les figures, ils écrivent des lettres en caractères chaldéens formant le mot *alleluia*, qui veut dire « réjouissez-vous, réjouissez-vous! » Au moment où les cloches sont mises en branle, ils font voler ces papiers au milieu d'eux, les attrapent et se les distribuent, en poussant des cris de joie et de bonheur. Ils se figurent acheter l'élévation du Messie au ciel, attendu qu'ils croient qu'il a été crucifié, enseveli et élevé du tombeau au ciel. *Or on ne l'a ni tué, ni crucifié ; mais Dieu a mis à sa place un homme qui lui ressemblait. Certes ceux qui ont disputé là-dessus ont été eux-mêmes dans le doute. Ils n'en avaient aucune science certaine, et suivaient leur propre opinion. On ne l'a point tué réellement ; mais Dieu l'a élevé à lui, et Dieu est puissant et sage*[1]. Ces égarés se font illusion en persévérant dans leur croyance et dans l'erreur évidente, en s'écartant du droit chemin et de la grande route éclatante de blancheur. *Satan les a séduits en les aveuglant*[2] et les a égarés sur la mauvaise voie. Ils ont persisté dans l'impiété. Le pape, que Dieu lui reproche ses abominables efforts ! leur a tracé un chemin qui les fait dévoyer, lui et ceux de ses prosélytes

---

1. Qor'ân, surate IV, verset 154.
2. Qor'ân, surate VII, verset 21.

qui le suivent en professant ses croyances et sa doctrine. De ceux-ci aux masses se communiquent par contagion cette maladie incurable et ce mal que le glaive seul peut extirper.

Cependant il y a parmi eux bien des gens qui, si l'on converse avec eux et qu'ils entendent parler de la vraie religion et de la droite voie dans laquelle se trouvent les Musulmans, se montrent bien disposés pour l'islamisme, en font l'éloge, l'approuvent et ne refusent pas de prêter l'oreille à ses enseignements, ainsi que nous en avons été témoin plus d'une fois. Ce sont leurs clercs et leurs moines, ces esprits rebelles, qui sont animés de la haine la plus vive et ont le cœur le plus endurci; ces misérables sont les plus obstinés dans leur impiété, que Dieu nous en préserve! En effet, nous avons rencontré un bon nombre de leurs clercs et de leurs moines versés dans leur religion, et avons parlé avec eux de leurs prétentions au sujet du Messie, que Dieu soit exalté au-dessus de ce qu'ils disent! Nous les avons trouvés les pires gens comme croyance et les plus tenaces dans leur opiniâtreté.

J'ai rencontré à Madrid un de leurs religieux qui arrivait des pays d'Orient : il parlait l'arabe et comme il avait fréquenté les Musulmans et vécu au milieu d'eux il avait quelques notions de leur religion. A la fin de notre discussion je lui adressai cette question : « Que dis-tu du Messie ? » — Il répondit : Il émane de Dieu. — Conséquemment, lui repliquai-je, en disant qu'il est comme une partie d'un tout, tu le fractionnes. Or le créateur, que sa majesté soit exaltée ! ne se fractionne pas. Si tu dis qu'il est comme l'enfant (qui est engendré) du père, tu arrives nécessairement à un deuxième enfant, à un troisième, à un quatrième jusqu'à l'infini. Et si tu dis : « par voie de changement, » tu te prononces forcément pour une corruption. Or Dieu, grande est sa majesté, ne change pas et ne se transporte pas d'un état à un autre. Il ne reste donc plus que (l'émanation) par voie de création de la part du créateur et c'est la vérité, sur laquelle il n'y a pas de doute. » Mais le moine persista dans l'opinion sur laquelle est basée leur croyance, qui est celle du pape, à savoir la transformation (*estéhâlah*). Que Dieu soit élevé très haut au-dessus de leur dire !

Un autre jour, nous reçûmes la visite d'un prêtre européen : il ne savait pas un mot d'arabe. Nous nous mîmes à discuter avec lui à l'aide d'un interprète qui lui traduisait nos paroles dans sa langue étrangère. Après avoir réfléchi une heure, il dit : « Par Dieu, le discours que vous tenez, la raison l'accepte et l'oreille n'en est pas choquée; toutefois c'est un miracle extraordinaire et une des plus grandes preuves qui s'emparent des intelligences qu'un fait tel que celui-ci, arrivé au Messie et consistant en ce qu'un homme soit engendré sans père et soit l'auteur des choses surprenantes et des miracles accomplis de son temps par le Messie, en guérissant les malades et les infirmes, en ressuscitant les morts, etc., ce qui n'est nié ni contesté, comme nous le soutenons nous-mêmes, c'est là un grand fait. » Ce moine était le supérieur de son ordre. Les religieux de cet ordre venaient fréquemment nous visiter. Après qu'il fut parti, il leur défendit de venir nous voir, par crainte pour eux. Un jour qu'ayant rencontré l'un d'eux je lui demandais pourquoi il n'était plus venu, il m'apprit que son supérieur lui en avait fait défense. Il ne laissa aucun des siens nous rendre visite jusqu'au moment où nous fûmes près de notre départ de Madrid. Il vint alors et nous fit ses adieux dans les meilleurs termes.

La cause de la persistance de ces gens-là dans leur croyance est qu'ils suivent le pape, qui leur explique leur religion et leur dicte les lois ; il leur trace en cela la route des gens de la déviation et de l'égarement parmi les anciens tels que Paul qui leur a raconté les évangiles qu'ils ont aujourd'hui entre les mains, mensongèrement attribués à quatre personnages, Jean, Marc, Luc et Matthieu, qui auraient été, à ce qu'ils prétendent, du nombre des disciples de Jésus, ce qu'à Dieu ne plaise.

Ils prétendent que ce Paul était un de ceux qui recherchaient les partisans du Messie, les persécutaient et les faisaient mettre à mort. Pendant qu'il se rendait à Jérusalem pour continuer ses recherches, une vision lui apparut, et il s'évanouit. Quand il revint à lui, elle lui dit: « Paul, jusqu'à quand me repousseras-tu ? » Il se leva ; il avait perdu la vue. La vision le laissa accomplir son repentir, puis elle lui dit: « Va-t'en à tel endroit de Jérusalem et cherche le prêtre un tel : il te rendra la vue.» Paul alla immédiatement au lieu indiqué et, ayant recouvré la vue, il changea complètement de conduite. Il s'est considéré comme un envoyé du Messie et a raconté aux chrétiens ces évangiles suivant ce que sa volonté lui a dicté d'impiété et d'erreur, que Dieu nous en préserve ! C'est d'après ses préceptes erronés que les chrétiens continuent à se conduire. Nous demandons à Dieu de nous accorder le salut et de nous maintenir dans la religion inébranlable et la droite voie.

Par suite de l'égarement dans lequel ces moines jettent les autres chrétiens et des choses qu'il est illicite d'entendre et qu'ils ont inventées ; à cause du grand nombre de moines et de clercs, à peine trouverais-tu une maison de chrétiens dans laquelle il n'y ait pas un moine s'y rendant chaque jour pour répandre dans l'esprit de ses habitants toutes ces impiétés qu'ils leur débitent. C'est au point qu'ils les obligent à leur déclarer les fautes et les crimes qu'ils commettent. A cet effet, ils ont établi un usage auquel grands et petits sont soumis et qui consiste en ce que chacun d'eux confesse au moine autorisé pour cet objet et lui dévoile les fautes qu'il s'imagine avoir commises, en lui disant : « J'ai commis tel jour, à telle heure, telle faute ; le démon m'a égaré et s'est présenté tout à coup à mon esprit ; j'ai fait, puis j'ai fait (telle chose). » de telle façon que le moine seul, autorisé dans ce but, l'entend et a connaissance de ces actes. Le moine dit à celui qui se confesse : « Il faut faire pénitence de ce péché, cesser de le commettre et ne plus y persévérer. Propose-toi donc fermement de te repentir et de ne plus recommencer ; peut-être Dieu te pardonnera-t-il. Par la puissance de telles et telles paroles, qu'ils prononcent, ton péché t'est pardonné. » Ils obligent à cette confession les hommes, les femmes, les enfants, etc., et pas moins d'une fois chaque semaine.

Le dimanche, les femmes se rendent toutes aux églises pour se confesser. On appelle cet homme *confesseur*. Celle qui ne se présente pas à l'église, le moine vient la trouver dans sa maison et l'oblige à se confesser : il entre avec elle dans un lieu retiré situé dans un coin de la maison ; tous deux ferment la porte du réduit dans lequel la femme entre avec le moine. Il reste avec elle ce que Dieu veut, jusqu'à ce qu'elle sorte purifiée de tout péché, chargée de réprimandes sévères et de reproches. Quand son mari rentre et la trouve en tête à tête avec le moine, il lui est impossible de pénétrer auprès d'elle et il ne peut les déranger tant qu'ils n'ont pas terminé l'affaire pour laquelle ils se sont enfermés. Personne ne peut porter une accusation contre un de ces moines pour quelque motif que ce soit, fût-on témoin oculaire de l'action la plus honteuse. Ajoutez à cela que ce peuple est de sa nature très peu jaloux de ses femmes ; car les hommes ont accès auprès des femmes des autres, que le mari soit absent ou présent.

Le pape oblige également tous les peuples chrétiens à se confesser aussi une fois à la fête de Pâques : tous les catholiques, hommes et femmes, se rendent à des églises spécialement affectées à cette confession, tous les jours de Pâques. Le grand et le petit, la femme et l'homme, l'enfant et la jeune fille, se confessent de tous les péchés qu'ils ont commis et prennent la ferme résolution de renouveler leur repentir : il leur est délivré à l'appui de cela des billets en nombre égal à celui des personnes de la maison et portant qu'un tel s'est confessé dans telle église, telle année. Les jours de Pâques étant arrivés, le moine se présente successivement dans chaque maison et se fait remettre les billets un à un, après s'être assuré du nombre des personnes qui habitent la maison, afin de savoir si toutes se sont confessées.

Quand, en recevant les billets, le moine trouve quelqu'un qui a égaré le sien, ou si quelqu'un des habitants de la maison est resté sans se confesser, c'est une grande abomination et son auteur a commis un crime énorme : il est obligé de donner pour avoir failli et avoir persisté (dans le péché) une somme d'argent déterminée, et alors il se confesse afin d'être absous de sa faute.

Ils s'appuient à cet égard sur ce qui leur est relaté dans leurs évangiles qui ont cours parmi eux comme ayant été énoncés par le Messie, que sur notre prophète et sur lui reposent la prière et le salut! « Celui qui vous fait du bien, a-t-il dit, soyez-lui en reconnaissants, et celui qui vous demande pardon, demandez-lui aussi pardon. » Or le pape a enseigné ces paroles à ses sectateurs avec un sens opposé. « Pardonnez-lui, » aurait dit le Messie. Aussi leur donne-t-il la permission de pardonner et leur enjoint-il de le faire. Toutefois il n'accorde cette autorisation qu'au moine ayant passé la quarantaine, instruit dans leurs sciences, connu parmi eux comme un homme sûr et fiable. Et cependant si les chrétiens découvrent chez ces religieux ou chez l'un deux quelque vice ou quelque abus de confiance, c'est à leurs yeux un péché capital impardonnable d'ouvrir la bouche sur le compte d'un moine ou de l'accuser d'une faute, lors même qu'on en aurait été le témoin et qu'on aurait constaté le fait. Celui qui se rendrait coupable d'une telle accusation serait obligé de lui faire des excuses ou de s'échapper, malgré la certitude qu'ont tous les chrétiens de leurs vices et de leurs défauts. Plus d'une fois quelques-uns de ces moines ont donné des preuves de leurs imperfections et de leur ruse et se sont livrés à des actes réprouvés par la raison et par la nature. Ils vivent, il est vrai, dans la tranquillité et le repos, mais l'homme est sujet à l'erreur et aux fautes.

Ainsi, voilà un moine qui se retire avec une femme dans une chambre fermée à clef, au moment où elle confesse les péchés qu'elle a commis, soit adultère, soit autres, de façon à ne lui rien cacher et à ne lui celer aucun péché commis par elle.

Or, quand elle avoue avoir péché par adultère ou autre fait semblable et qu'il est seul avec elle, comment se peut-il qu'il ait des scrupules à son égard, avec tout ce qui se dit de la facilité avec laquelle on se livre à l'adultère dans leur pays ? Pareille faute commise par des moines n'a rien d'étonnant.

Un fait de ce genre s'est produit cette année à Madrid, où une jeune fille vierge est devenue enceinte. Quand on l'a interrogée, elle a avoué avoir eu des relations avec un de ses frères qui était clerc.

Il a été arrêté et envoyé aux navires appelés *galères*[1].

De même quelqu'un en qui j'ai confiance m'a informé qu'il connaissait dans la ville de Ceuta, puisse Dieu en faire de nouveau une cité musulmane ! une jeune fille très belle qui fut déflorée par un moine, son oncle ; son aventure ayant été divulguée, il lui fut impossible après cela de se marier. Elle existe encore actuellement. Les récits de ce genre abondent ; il est inutile de les mentionner.

Ces deux exemples sont donnés comme une preuve du peu de jalousie qui entre dans le caractère de ce peuple ; mais des faits de cette nature se produisent fréquemment. Ce qui le prouve, c'est ce que j'ai entendu (de la bouche) d'une femme fort belle, dans la ville de Séville. Elle était venue chez nous avec sa mère et ses deux sœurs pour nous faire visite. La conversation s'étant engagée sur les moines et les clercs en général, en présence d'un grand

---

1. En arabe. *aghrébah*, pl. de *ghoráb*, « corbeau. »

nombre de chrétiens, elle soupira et dit :
« Les moines ! Maudit soit qui se fie
à eux ! » Comme nous lui demandions la
cause de son exclamation, elle répondit :
« Je les connais mieux que personne,
et n'ai pas besoin de m'expliquer davantage. » Ses paroles nous causèrent d'autant
plus d'étonnement qu'il y avait là plusieurs
clercs et qu'elle ne tenait aucun compte
de leur présence, malgré l'autorité dont
ils jouissent parmi les chrétiens et le rang
qu'ils occupent dans la société ; car ce
sont eux qui dirigent leurs prières, et c'est
à eux qu'hommes et femmes confessent
leurs péchés. Malgré cela et leur grand
nombre, il y a parmi eux des hommes
doués d'un bon naturel, qu'on voudrait
voir dans une droite voie. Que Dieu nous
accorde le salut ! Tel j'ai vu à l'Escurial,
dans la grande église appelée l'Escurial,
un vieillard d'une conduite et d'un caractère excellents ; à une physionomie
gaie et souriante, il joignait une affabilité
qu'on ne saurait décrire. Cet homme était
le supérieur de cette église ; il en avait

la haute administration ; à lui appartenaient les décisions la concernant ainsi que celles intéressant les hameaux situés autour de l'église et les villages en dépendant. Il abandonna les fonctions de supérieur et résolut de quitter le monde pour se livrer à la vie dévote, renonça à ses titres de noblesse et à l'attachement qu'ils inspirent, et en fit l'abandon en faveur d'un de ses élèves, nommé don Alonso. Ce moine, supérieur actuel de l'Escurial, montrait également un caractère doué d'une grande gaieté et de beaucoup d'enjouement et était excessivement aimable dans sa conversation et affable dans ses manières. Après que nous eûmes fait sa connaissance, il ne cessa, pendant la durée de notre séjour à Madrid, de venir nous faire visite toutes les fois qu'il se rendait chez le roi, car il occupait un rang élevé à la cour, et nous recevions de ses lettres de l'Escurial.

Ce nom d'Escurial est celui d'une église. Nous avons mentionné ci-devant la cause de sa construction, sous le règne de son fondateur, Philippe II, alors qu'il avait assiégé une ville appartenant aux Français[1]; il l'avait canonnée et bombardée. En face des canons se trouvait une église dédiée à un religieux nommé Laurent *er-ridl*. Le roi, après avoir fait vœu d'en construire une plus grande, abattit l'église et atteignit la ville. A son retour, il bâtit l'église qu'il avait fait vœu de construire sur le penchant de la montagne qui sépare la Nouvelle et la Vieille-Castille. Elle est située à vingt-un milles de la ville de Madrid[2]. L'église et tout ce que renferme l'édifice, palais du roi et ses dépendances, sont bâtis en pierres dures semblables au marbre[3] qui furent transportées de la montagne dominant l'église. Ce sont des pierres très grandes. On dit que, lors de la construction, on établit, depuis l'em-

---

1. Saint-Quentin.
2. On compte de Madrid au village de l'Escurial 35 kilomètres. Le chemin de fer y conduit aujourd'hui en deux heures. L'*Art de vérifier les dates* dit que le village est situé à 10 lieues de Madrid.
3. Toute la construction est en granit.

placement de l'église jusqu'au sommet de la montagne, un immense pont tout en bois pour que les charrettes¹ chargées de pierres fussent traînées sur ce pont et les pierres mises en place sans qu'on eût la peine de les porter ; le travail devint ainsi plus facile. Cependant ces pierres sont terriblement grandes. Il ne reste plus aucun vestige indiquant la place de ce pont. Mais comme on raconte qu'il était tout en bois, il n'a pu avoir une longue durée. La montagne dont nous venons de parler est très haute et très élevée ; entre l'église et le sommet de la montagne, il y a près d'une étape (*mesáfah*) de montée.

L'Escurial est un édifice très grand, très haut et qui s'élève dans les airs. Il est percé du côté de l'occident de trois portes : la porte du milieu est celle de l'église et de tout ce qu'elle comprend. Au-dessus de la porte est une statue en pierre que les Espagnols prétendent être celle du religieux Laurent *er-riâl* en l'hon-

---

1. *Qarârit*, pl. de *qarrêtah* ; en esp. *carreta*.

neur duquel l'église a été construite. Les deux autres portes, à droite et à gauche de la première, sont celles de deux grandes maisons consacrées à l'instruction des jeunes élèves des moines, qui apprennent et lisent leurs sciences et leurs psalmodies. Parmi eux chaque groupe porte un signe en drap bleu ou rouge sur l'épaule, suivant le degré d'instruction auquel il est parvenu. Leur principale étude porte sur la philosophie et les sciences de la même catégorie. Ces deux écoles renferment un grand nombre d'élèves qui y viennent étudier de tous les côtés, de Madrid et d'autres villes. Néanmoins l'endroit qu'ils mettent en première ligne pour l'enseignement et l'achèvement des études que leur imagination leur représente comme telles, est une autre ville qu'ils appellent Salamanque, à [1] trois milles de la ville de Madrid. En effet, c'est une chose connue chez

---

1. Le ms. porte seulement, trois. Il y a évidemment omission du chiffre des dizaines. Salamanque étant située à cent quarante-quatre kilomètres de la capitale.

cette nation que celui qui n'a pas achevé ses études et sa lecture et acquis ces connaissances dans la ville de Salamanque n'est pas considéré comme ayant des connaissances complètes. Leurs principales lectures, pendant leur enfance, consistent dans les impiétés que leurs maîtres leur enseignent, afin qu'ils s'y habituent et qu'elles soient sans cesse sous leurs yeux. Après cela, ils apprennent le calcul et ensuite la géométrie, en latin.

Le latin occupe chez eux la même place que la science de la syntaxe chez les Arabes. Tous les chrétiens qui ne l'ont pas appris étant jeunes ne le comprennent pas. Aussi les voit-on conduire leurs enfants aux endroits affectés à l'enseignement, comme l'Escurial, la ville de Salamanque et autres semblables.

La grande porte du milieu par laquelle on entre pour aller dans l'église est un portail d'une dimension extraordinaire, couvert d'une quantité de sculptures artistement fouillées. En face de celui qui entre par cette porte est une large et vaste cour où se dressent des piliers très élevés, portant chacun une grande statue en pierre. Les statues, qui sont couvertes de vêtements appropriés à chacune, sont toutes faites, assure-t-on, d'un seul bloc de pierre. Elles sont au nombre de cinq. On prétend qu'elles représentent les rois qui ont régné sur les enfants d'Istraël[1]. Sur la première est gravée cette inscription : *David le prophète.* Ce personnage porte sur la tête une couronne en cuivre doré, du poids de cinq *rob'*[2], et tient à la main l'instrument de musique qu'il inventa. Les Espagnols assurent que c'est celui sur lequel il s'accompagnait en lisant les psaumes et l'appellent *harpe.* La harpe est un grand instrument en bois, de la hauteur d'un

1. Ces statues sont celles des *six* rois de Juda : Josaphat, Ezéchias, David, Salomon, Josias et Manassès. Voyez *Itinéraire de l'Espagne et du Portugal*, par M. de Lavigne.

2. Les couronnes pèsent, dit l'*Itinéraire*, de 35 à 40 kilogr., ce qui nous donne pour le *rob'* (quart 7 à 8 kilogr. Nous avons vu plus haut qu'il était question (pour les lettres) d'un poids de 53 *rob'* correspondant à 13 1/4 quintaux. Le quintal de l'Ambassadeur marocain équivaudrait donc de 28 à 32 kilogr.

homme et ayant environ quarante-six cordes. Elle produit des sons harmonieux et on ne perçoit pas le coup donné par celui qui en joue. Ces chrétiens en font un usage fréquent et l'enseignent à leurs femmes, à leurs fils et à leurs filles. Aussi est-il rare de trouver une maison dont tous les habitants ne pincent habilement de la harpe. Lorsqu'ils reçoivent, qu'ils souhaitent la bienvenue ou qu'ils veulent faire honneur à quelqu'un qui vient les voir, ils font raisonner cette harpe à son intention. Les personnes qui cultivent le plus cet instrument sont les filles et les fils des grands et des notables. Il est de même très en usage dans leurs chapelles, leurs églises et les lieux où ils se livrent à leurs actes d'impiété. C'est l'instrument de musique le plus usité chez eux. Quant à celui qu'on appelle chez nous *el 'awd* (le luth), ils ne le connaissent pas ; ils connaissent seulement un autre instrument qui s'en approche et qu'ils nomment guitare[1]. La

---

1 *El enguelarrah*; en esp. *guitarra*.

guitare est un peu plus petite que le luth et a deux cordes de plus. La harpe est le plus grossier de tous les instruments de musique.

A la droite de la statue sur laquelle est gravé le nom de David, s'en trouve une autre avec cette inscription : « Salomon, fils de David », que sur lui et sur notre prophète soient la prière et le salut ! Sa tête est ornée d'une couronne en cuivre doré du poids de cinq rob' ; sa main tient un bâton également en cuivre doré et pesant trois rob'[1]. A sa droite sont trois autres statues comme les premières et portant chacune en inscription le nom d'un des grands rois qui ont régné jusqu'à cette époque.

On voit dans l'intérieur de la cour un grand et vaste dallage : à son extrémité, du côté droit, sont construits d'immenses collèges (*maddâris*) pour l'habitation des élèves et des moines.

Le nombre des collèges est de vingt-

---

1. Soit de 21 à 24 kilogrammes.

quatre. Chacun d'eux comprend de nombreuses chambres surmontées de galeries. Chaque collège a un conduit d'eau, un grand bassin et une quantité de colonnes, vingt environ. On pénètre d'un collège dans un autre.

A gauche, en entrant de la cour dans l'église, et en face de la porte des collèges est une porte qui donne accès au palais du roi. C'est un immense palais dont les murailles et la toiture sont construites en pierres semblables à celles de l'église ; sa construction égale celle de l'église en épaisseur et en élévation ; sa hauteur est aussi la même. Ce palais a trois portes : l'une dans l'intérieur de l'église ; l'autre en dehors de l'église ; et la troisième dans l'intérieur du jardin situé à côté de l'église.

Le roi a l'habitude de résider dans ce palais un seul mois, durant l'été, à cause de la fraîcheur que procure à ce site sa position sur le penchant de la montagne.

L'église elle-même est une grande église, avec des piliers et un pavé en dalles. En face de l'entrée se trouve le crucifix qu'ils adorent; il est en argent doré. Au centre de l'église s'élève une coupole très haute, excessivement solide et artistement faite; elle repose sur quatre grands piliers; chacun des quarts du pilier a une largeur d'environ douze coudées et est orné d'un siège recouvert de soie et de brocart, sur lequel s'assied le moine lors de son adoration et de sa prière. Dans l'intérieur de cette église sont suspendues en grand nombre des lampes d'argent, d'or et de cuivre doré. L'intérieur de cette église renferme toute sorte de joyaux, d'objets rares et précieux qui lui ont été légués et dont la valeur est incalculable. Dans le haut se trouve le lieu de leurs prières qu'ils y récitent en chantant et qu'ils appellent la messe[1]. On y voit aussi un instrument de musique qu'ils appellent *orgue*. C'est un grand instrument composé de soufflets[2] et de gros tuyaux en plomb doré; il fait entendre des sons merveilleux. Les lectures que

1. *El misah*; en esp. *la misa*.
2. *Qanânît*.

les chrétiens font avec accompagnement de cet instrument, dans ces lieux et autres pareils, sont, à ce qu'ils prétendent, les psaumes de David, sur qui soit le salut! et l'ancien testament révélé à Moïse, que la prière et le salut soient sur lui et sur notre prophète! Ils sont très attachés à l'Ancien Testament qui est, à ce qu'ils prétendent, le Décalogue; le Décalogue, qui leur est commun avec les juifs et qu'ils prétendent conserver, consiste dans la défense de tuer, de voler, de commettre un adultère, de verser le sang, de convoiter le bien d'autrui, etc.

Il y a dans cette église deux cents moines âgés qui disent les messes et font les prières et un grand nombre d'autres, jeunes. Elle est surmontée de neuf grands clochers très hauts, s'élançant dans les airs; chacun d'eux est muni d'une horloge indiquant les heures et d'énormes cloches qu'on sonne à certains moments un nombre répété de fois. Le son qu'elles font entendre ressemble à celui que produirait un instrument de musique.

Également à droite de l'église se dressent des armoires contenant les manuscrits, les ouvrages qui traitent de leurs sciences et de leurs dogmes et les trésors : ils sont immobilisés en faveur de l'église depuis le règne de son fondateur ; le nombre en a été augmenté après lui et personne ne peut en disposer si ce n'est pour y ajouter. C'est dans cette bibliothèque qu'ils avaient transporté les ouvrages des musulmans de Cordoue, de Séville et autres villes. Ils ont prétendu qu'ils avaient été entièrement brûlés, il y a environ dix ans. Nous avons vu l'endroit où le feu s'était déclaré dans ces armoires ; l'incendie y a laissé, ainsi que dans l'église, de nombreuses traces. Le roi continue aujourd'hui encore à réparer les dégâts occasionnés par le feu. Si les plafonds de cette église n'avaient été en pierres, sans aucune pièce de bois permettant au feu de s'étendre rapidement, elle eût été détruite de fond en comble. Cependant, malgré cela, le feu est arrivé jusqu'au sommet d'un des clochers de l'église et a fait écrouler du haut de celui-ci une grosse pierre qui est tombée dans le jardin situé autour de l'église. C'est une pierre énorme qu'il est actuellement impossible de remettre à sa place.

Dans le voisinage de l'église se trouve aussi, du côté du nord, un endroit destiné à la sépulture des ancêtres du roi actuel, depuis le règne du père du fondateur de l'église, Charles-Quint, qui se fit moine, jusqu'à Philippe IV, père de Charles II. Ils sont ensevelis dans un caveau souterrain voûté; on y descend par de nombreuses marches en marbre rouge, très solides et très habilement faites. Leurs tombeaux sont des cercueils de marbre, dorés; chaque cercueil est élevé entre deux colonnes, et porte le nom du monarque qui y est enseveli. Le nombre des rois enterrés dans cet endroit, ainsi que celui de leurs femmes, est de cinq, attendu que l'usage est de n'enterrer dans ce lieu de sépulture que le roi qui laisse un héritier du trône après lui. Quant à ceux d'entre eux qui meurent sans postérité ou qui n'héritent pas du trône, ils sont enterrés dans un autre endroit, qui n'est pas le même, mais s'en trouve voisin aussi. Telles sont leurs coutumes en ce qui regarde la sépulture.

Tout autour de cette église s'étendent tous les bâtiments qui lui sont nécessaires pour l'alimentation des habitants et de ceux qui y séjournent : moulin pour moudre le blé, cuisine, tannerie, et toutes les installations des peuples civilisés. Il y a aussi un grand nombre de magasins et de locaux pour les médicaments, les onguents, les boissons et les eaux.

Le tout est entouré d'un grand jardin renfermant des ruisseaux, des canaux, des arbres de forme étrange, et dont les moines ont la jouissance.

Autour de l'ensemble de cette église et du jardin est un lieu de chasse pour le roi, clos par une très haute muraille en pierres. On prétend qu'il a trente-trois parasanges de circonférence [1]. A chaque

---

1. La parasange équivaut à 4 milles ou une heure de cheval au pas ordinaire. Le mille étant égal à environ 1 kil. 476, ce pourtour serait de près de 195 kilomètres.

deux étapes (*masáfah*) est un endroit comprenant une maison avec un jardin, où le roi fait la sieste lorsqu'il chasse. J'en ai visité une partie lors de notre arrivée à l'Escurial, le roi nous ayant invités à aller voir ce lieu, qui lui plaît beaucoup.

L'Escurial est pour les Espagnols un des édifices qu'ils mettent dans leur pays au nombre des merveilles, attendu qu'ils n'ont pas parmi leurs constructions une autre église plus vaste. Ils ne nient pas cependant la grandeur et l'importance des mosquées musulmanes comme celles de Tolède, de Cordoue et de Séville, dont la célébrité s'est étendue au loin. Nous avons déjà parlé, en son lieu, de la mosquée de Cordoue; nous ferons mention à leur place, s'il plaît à Dieu, de celles de Tolède et de Séville[1], que nous visitâmes en revenant de la ville de Madrid.

Comme le roi, durant notre séjour auprès de lui, désirait nous distraire et

---

1. L'ambassadeur n'a pas tenu sa promesse en ce qui regarde la mosquée de Séville.

nous récréer par des spectacles qu'il savait avoir de l'importance à ses yeux, tels que la vue de ses promenades, de ses chasses et de ses jardins, de ses fêtes, de son palais avec ses chambres et ses galeries, de ses magasins d'armes et de munitions, etc., il ne cessait de nous engager et de nous inviter à aller visiter ces endroits et autres semblables.

Une fois il donna dans son palais des fêtes qui durèrent trois nuits consécutives et auxquelles il nous avait fait prier d'assister. Il nous avait fait préparer, dans la salle qui est surmontée d'une coupole et qui lui est réservée, une estrade qu'aucune autre n'égalait en hauteur. Tous les notables, grands du royaume, ducs, comtes et autres personnages de la cour sont présents. Après quoi, il sort accompagné de sa mère et de la reine; les filles des grands et des notables le précèdent, portant devant lui un grand nombre de cierges. Arrivé sur l'estrade royale, qui fait face à celle où nous sommes assis, il se tourne vers nous et ôte son chapeau, suivant leur manière de saluer; puis il s'assied ayant la reine à sa gauche et sa mère à la gauche de celle-ci. Les musiciens, femmes et hommes, arrivent et se mettent à faire de la musique et à chanter d'après leurs coutumes, jusqu'à minuit. Quand ils ont fini et qu'ils veulent s'en aller, le roi s'avance d'abord: il ôte encore son chapeau après avoir relevé la tête du côté où nous sommes assis, et chacun s'en retourne à sa demeure. Il questionnait après cela ceux de ses serviteurs qui avaient accès auprès de nous et demandait si nous étions contents. Il voulait que rien de ce que nous faisions ne lui échappât; il s'informait de nous chaque jour.

Au nombre de ses lieux de plaisance et de chasse où il se rend chaque année dans le mois d'avril pour y passer environ un mois avec sa famille, ses courtisans les plus intimes, ses officiers et ses serviteurs, est un endroit appelé *Arankhouès* (Aranjuez). Quand le roi s'y est rendu cette année, suivant son habitude, l'affaire dont nous poursuivions la solution était entre les mains de son ministre et président de son Conseil, le cardinal; nous avions avec lui des pourparlers et le pressions de nous laisser partir, lui représentant notre départ comme urgent. Or le roi voulait que nous lui fissions visite pendant qu'il se trouvait à Aranjuez; son but était de nous distraire et de nous faire voir ce lieu de plaisance, un des plus beaux à ses yeux. Aussi nous dépêcha-t-il un jour le secrétaire en chef de son Conseil pour nous dire : «Le roi mon maître veut que vous veniez là où il est, afin que vos cœurs se dilatent à la vue des jardins et des lieux de chasse que vous y trouverez. » Nous lui répondîmes : « Cela retarderait notre départ et nous n'avons plus aucune envie de nous distraire et de nous amuser, à cause du retard qu'a éprouvé notre retour dans notre pays. Ce que nous voulons, c'est de présenter nos adieux; tel est notre plus vif désir, notre intention suprême. »

Il se retira alors et transmit au roi la réponse que nous lui avions donnée. Deux jours après, il revint avec un ordre de son souverain qui lui disait que notre arrivée auprès de lui aurait pour but de nous distraire et de prendre congé, les ennuis que nous avions éprouvés ayant été portés à sa connaissance par ce messager et par d'autres serviteurs mis à notre disposition. Il avait enjoint au comte chargé de nous avec le drogman alépin de nous accompagner à Aranjuez, personne ne pouvant parvenir là où se trouve le roi, sans une permission ou un ordre.

Nous partîmes donc dans la matinée du jour où nous sortîmes de la ville de Madrid et fîmes un trajet de neuf milles pendant lequel nous traversâmes trois villages : le premier, à une étape de la ville, s'appelle *Verde* en leur langue, ce qui signifie *Verte*[1]; « ce nom lui a été donné à cause des plantations et des jardins qu'il renferme. C'est un petit village, presque civilisé. Puis, à une autre étape de là, nous entrâmes dans un village qui porte le nom de *Venta :* il est plus grand que le premier;

1. En arabe, village est du féminin.

et ensuite dans un village qu'on nomme
Balad el moro (la ville du Maure), plus
(grand) que les deux précédents. Nous y
trouvâmes une maison préparée pour nous
recevoir. Nous y descendîmes jusqu'à ce
que la chaleur fût passée, et, nous étant remis en route le soir même, nous fîmes neuf
autres milles et arrivâmes en vue du lieu
de plaisance appelé Aranjuez, vers lequel
nous nous dirigions. A proximité de cette
résidence nous rencontrâmes des cavaliers
envoyés par le roi au-devant de nous pour
nous saluer. « Le roi croyait, nous dirent-ils,
que vous viendriez au milieu du jour et
vous avait fait préparer un spectacle pour
vous distraire à votre arrivée. » Nos nouvelles tardant à lui parvenir, il avait envoyé à notre rencontre. Notre arrivée eut
lieu à près de minuit; on ne pouvait faire
autre chose que d'aller se coucher. Nous
fûmes installés dans une maison d'où la
vue embrassait l'ensemble de ce lieu de
plaisance et qui était réservée au cardinal-
ministre. Nous y passâmes cette nuit après
avoir reçu la visite d'un officier du roi,

chargé de nous saluer et de nous souhaiter la bienvenue : il nous fit au nom de son souverain un excellent accueil.

Le lendemain le roi nous envoya (des officiers) qui nous introduisirent dans un de ses jardins d'Aranjuez, qu'enserrent deux grandes rivières dont la réunion porte le nom de Tage; c'est le fleuve qui passe de là sous la ville de Tolède après un trajet d'un jour. Ses ruisseaux, sa disposition, ses arbres symétriquement plantés font de ce jardin une véritable merveille ; il renferme des fleurs de toute espèce, des machines à irrigation, des réservoirs, des bassins aux formes les plus variées ; on y trouve des reposoirs solidement construits et d'une grande beauté, d'où l'on domine les deux bords du fleuve. De ce jardin nous entrâmes chez le roi dans un ses palais. Il avait envoyé à notre rencontre plusieurs de ses gardes du corps. En entrant nous le trouvâmes debout; il avait son ministre à sa droite et, devant lui, ses gardes du corps et ses serviteurs. Nous le saluâmes suivant notre manière accoutumée, en lui disant : *que le salut soit sur qui suit la direction* [1]. Il nous souhaita la bienvenue et nous fit son salut habituel. Il tenait à la main une lettre qu'il avait écrite à notre seigneur El Mansoûr billah. Il la baisa et nous la remit, après s'être enquis de notre santé et de nos ennuis dont il avait été instruit. Nous nous excusâmes de façon à lui faire comprendre qu'il ne nous était pas possible de différer notre retour auprès de notre maître, que Dieu lui donne la victoire ! « Puisque vous invoquez cette excuse, nous dit-il, nous ne vous obligerons pas à un plus long séjour après le désir que vous avez de partir. Présentez de notre part à sa Majesté Chérifienne les salutations qui lui conviennent. Nous la prions de traiter avec bonté les captifs qui sont dans ses États. Tout ce que sa Majesté désirera de nous, nous l'accomplirons avec empressement, par respect pour son rang. » Puis s'adressant à l'interprète : « Ont-ils quelque désir, nous nous hâterons d'y

---

1. Qor'ân, surate XX, verset 49.

satisfaire. » Nous lui exprimâmes que nous n'avions d'autres désirs que ceux qui conviennent au rang qu'occupe l'islamisme. Louange à Dieu !

Nous le quittâmes après qu'il nous eut fait ses adieux et remis la lettre qu'il avait écrite à Sa Majesté notre maître El Mansoûr billah. Un moment après, un de ses gardes du corps nous rejoignit pour nous demander si nous avions envie de passer quelques jours dans ce lieu de plaisance pour chasser et nous distraire. Nous lui répondîmes que nos cœurs volaient vers notre patrie et qu'il nous était impossible d'y rester désormais une seule heure (de plus).

Le roi voulait retourner à Madrid le lendemain. Dans la soirée de ce même jour et le lendemain matin de bonne heure, il nous envoya les intendants de cette résidence et de cette chasse et nous sortîmes avec eux pour chasser. Cet endroit renfermait une quantité considérable de cerfs et de lapins. Nous répondîmes ainsi au désir du roi. Le lendemain nous revînmes à Madrid dans le but de faire nos derniers préparatifs de départ.

Notre sortie de Madrid a eu lieu le 1ᵉʳ de ramadân béni de la présente année. Le roi avait donné l'ordre à ceux de ses serviteurs chargés de nous accompagner, de nous faire passer par la ville de Tolède, afin que nous en vissions la mosquée cathédrale, qui par sa construction et sa lointaine renommée est une des merveilles du monde. Le premier jour de notre départ de Madrid, nous passâmes la nuit dans un village qu'on appelle *Quchqah* (Illescas?). C'était une des métropoles célèbres de l'*adouah* ; la science et l'intelligence y avaient fixé leur demeure. Ce n'est plus aujourd'hui qu'un village de nomades. On y voit quelques vestiges d'anciennes constructions islamiques, telles que la porte par laquelle on entrait, alors que la ville était habitée par des musulmans. Mais aujourd'hui les habitants en sont plutôt nomades que sédentaires. Entre le dit village et la ville de Tolède il y a vingt-un milles.

La ville de Tolède est une grande cité,

une des métropoles de l'*'adouah* et une ancienne capitale. Elle est située au haut d'un monticule, sur une élévation qui domine le fleuve appelé Tage, le même qui passe à Aranjuez, le lieu de plaisance dont il vient d'être fait mention. Il enveloppe aux trois quarts l'élévation sur laquelle est sise la ville ; le quart qui fait suite à la terre ferme est celui venant de la route de Madrid. Les remparts, les murs et les rues de cette ville qui porte encore des traces de civilisation, sont restés dans l'état où ils se trouvaient depuis l'époque où les musulmans l'habitaient. Mais la plupart de ses rues sont étroites. Ses maisons, de construction musulmane, subsistent encore telles quelles : même division, mêmes inscriptions arabes sculptées sur les plafonds et sur les murs. Sa mosquée-cathédrale est une des merveilles du monde ; c'est, en effet, une immense mosquée, entièrement bâtie en pierres dures presque semblables au marbre. Les plafonds en forme de voûte sont en pierres et d'une hauteur prodigieuse ; les piliers, excessivement forts et merveilleusement travaillés et sculptés. Sur les côtés de la mosquée, les chrétiens ont élevé une construction supplémentaire qui en occupe le centre, avec des grillages en cuivre jaune, et renferme des statues, des croix, un instrument de musique appelé chez eux orgue et dont ils jouent pendant leurs cérémonies religieuses, avec les livres, en très grand nombre, qu'ils lisent dans leurs prières. Devant ce grillage se trouve un christ en or auquel ils font face en priant ; devant le christ sont suspendues de nombreuses lampes d'or et d'argent qui brûlent nuit et jour avec quantité de cierges. Aux portes de la mosquée, très solides et artistement travaillées, les chrétiens ont ajouté par-dessus des statues, suivant leur habitude qu'il leur est impossible d'abandonner. Parmi les constructions supplémentaires faites par eux sur les côtés de la mosquée sont de nombreuses et grandes chambres, renfermant des armoires pleines de richesses considérables : elles contiennent des trésors, des pierres précieuses de couleur telles que des rubis rouges, blancs et jaunes, des émeraudes, des couronnes incrustées de riches pierreries et de pierres de valeur pour des sommes inouïes. Une grande couronne en or supportée par des colonnes du même métal et qu'ils prétendent appartenir à l'époque des musulmans, que Dieu leur fasse miséricorde ! figure parmi ces trésors. A la droite de ces armoires il en existe une autre contenant un livre énorme écrit avec l'eau d'or ; d'après ce qu'ils affirment, c'est une bible. Ce livre est très soigneusement et scrupuleusement gardé ; il ne sort jamais de l'endroit où il est. On raconte que Philippe IV, le père du roi actuel, voulut le sortir de là et l'avoir chez lui ; il offrait à ceux qui en étaient les gardiens une grande ville avec son tribut et tous ses revenus. Mais ils n'y consentirent pas, tant ils l'ont en grande vénération.

A la droite de cette armoire, on en voit également une autre où est renfermé un coffre incrusté de pierreries et plein de riches objets d'or ornés de pierres précieuses, tels qu'ostensoirs ?[1], colliers, chaînes et anneaux de prix. A sa droite encore (nous admirâmes) un minaret en argent dépassant la hauteur d'un homme et dont l'intérieur et le faîte [2] sont en or incrusté de pierres précieuses de diverses couleurs. Ce minaret a été fait à l'imitation et sur le modèle de celui qui surmonte la mosquée de Tolède. Il est pour les chrétiens un ornement, et ils le sortent à l'occasion de leurs fêtes avec leurs croix qu'ils promènent à travers les rues, suivant leurs usages, dans les processions et autre cérémonies semblables. Le minaret qui appartient à cette mosquée, puisse Dieu la rendre aux musulmans ! et qui a servi de modèle à celui dont je viens de parler est, sous le rapport du travail et de son élévation dans les airs, une des constructions les plus merveilleuses : il contient trois cents marches, dont deux cents jusqu'à la plate-forme

---

1. *El haouiyât*.
2. *Djâmoûr*. Ce terme s'emploie aussi dans le sens de chapiteau.

d'où se faisait l'appel à la prière et cent jusqu'au haut du faîte. A l'endroit de l'appel à la prière, les chrétiens ont installé neuf grandes cloches d'une grosseur extraordinaire. Le diamètre de chaque cloche est de trente-six empans ; le bord a une épaisseur de trois quarts de coudée. Ce minaret est entièrement construit en pierres dures ressemblant au marbre, du genre de celles employées à la construction de la mosquée. Nous demandons à Dieu qu'il la rende au culte de son unité et aux chants consacrés à sa louange.

Autour de ces armoires, on en voit d'autres encore, pleines de chandeliers d'or et d'argent, de croix incrustées et de vêtements dont s'habillent les moines, les hauts dignitaires de l'église, les diacres et les religieux, et dans le tissage desquels on a fait entrer une quantité de joyaux de prix. Les religieux attachés à cette église sont tous placés sous l'inspection du cardinal, qui est lui-même sous la dépendance du pape, ainsi que nous l'avons fait remarquer en parlant aussi du pape.

Comme Tolède était une des métropoles de l'Espagne et une ancienne capitale, le cardinal investi de l'administration de son église était le plus grand (le primat) de tous ceux qui portent le titre de cardinal chez les adorateurs de la croix. Le cardinal actuel est président du Conseil d'Espagne et c'est à lui que ressortissent toutes les affaires du pays, tant religieuses que civiles, politiques ou judiciaires ; il s'entretient directement avec le roi et c'est d'après son avis qu'est rédigée toute la correspondance du Conseil.

Il existe à Tolède des vestiges de la *qasbah* où résidaient auparavant les rois ; ceux qui l'habitèrent après la dernière conquête de cette ville y ont fait des constructions nouvelles.

A Dieu appartient l'empire, avant comme après[1].

Ici s'arrête la relation du voyage. Le manuscrit contient encore dix-neuf pages

---

1. Qor,ân, sar. XXX, v. 3.

environ qui traitent de la conquête de l'Espagne par Târeq et Moûsa ebn Nosayr. Le texte de cette partie purement légendaire sera prochainement publié à Madrid.

ERNEST LEROUX, Éditeur
RUE BONAPARTE, 28

EXTRAIT DU CATALOGUE GÉNÉRAL

Bibliothèque Orientale Elzévirienne

ollection de volumes in-18 raisin, imprimés en caractères elzéviriens, à 2 fr. 50 le volume et 5 fr. le volume double.

I. — LES RELIGIEUSES BOUDDHISTES, depuis Sakya-Mouni jusqu'à nos jours, par Mary Summer. Avec introduction par Ph.-Ed. Foucaux. In-18, sur papier de Hollande........ 2 fr. 50

I. — HISTOIRE DU BOUDDHA SAKYA-MOUNI, depuis sa naissance jusqu'à sa mort, par Mary Summer. Avec préface et index par Ph.-Ed. Foucaux. In-18, sur papier de Hollande. 5 fr.

II. — LES STANCES ÉROTIQUES, morales et religieuses de Bhartrihari, traduites du sanscrit par P. Regnaud. In-18. 2 fr. 50

IV. — LA PALESTINE INCONNUE, par Clermont-Ganneau. In-18..................................... 2 fr. 50

V. — LES PLAISANTERIES DE NASR-EDDIN-HODJA. Traduit du turc par Decourdemanche. In-18........... 2 fr. 50

VI-IX. LE CHARIOT DE TERRE CUITE (Mricchakatika), drame sanscrit du roi Çudraka. Traduit en français, avec notes, variantes, etc., par P. Regnaud. 4 volumes in-18....... 10 fr.

X. — ITER PERSICUM ou description du voyage en Perse entrepris en 1603 par Etienne Kakasch de Zalonkemeny, ambassadeur de l'empereur Rodolphe II à la cour du grand duc de Moscovie et près de Chah Abbas, roi de Perse. Relation rédigée en allemand par George Tectander von der Jabel. Traduction publiée et annotée par Ch. Schefer, de l'Institut. In-18, avec portrait et carte............................. .... 5 fr.

XI. — LE CHEVALIER JEAN, conte magyar, par Alexandre Petœfi, suivi de quelques pièces lyriques du même auteur, traduit par A. Dozon, consul de France. In-18............ 2 fr. 50

XII. — LA POÉSIE EN PERSE, par C. Barbier de Meynard, de l'Institut, professeur au Collège de France. In-18.... 2 fr. 50

XIII. — VOYAGE DE GUILLAUME DE RUBROUCK, AMBASSADEUR DE SAINT LOUIS, EN ORIENT, publié en français et annoté par de Backer. In-18............... 5 fr.

XIV. — MALAVIKA ET AGNIMITRA, drame sanscrit, traduit par Ph.-Ed. Foucaux, professeur au Collège de France. In-18... 2 fr. 50

XV. L'ISLAMISME, son institution, son état présent, son avenir, par le docteur Perron ; publié et annoté par A. Clerc, interprète de l'armée d'Afrique. In-18................. 2 fr. 50

XVI. — LA PIÉTÉ FILIALE EN CHINE, textes traduits du chinois, avec introduction par P. Dabry de Thiersant, consul de France. In-18, avec 25 jolies gravures d'après les originaux chinois .... 5 fr.

XVII. — CONTES ET LÉGENDES DE L'INDE ANCIENNE, par Mary Summer. In-18...................... 2 fr. 50

XVIII. — Γαλάτεια. Galatée, drame de Basiliiadis, texte moderne, publié et traduit, avec une introduction et des notes, par le baron d'Estournelles. In-18......................... 5 fr.

XIX. — THÉATRE PERSAN, choix de téaziés, ou drames religieux persans, traduits par A. Chodzko, professeur au Collège de France. In-18.............................. 5 fr.

XX. — MILLE ET UN PROVERBES TURCS, recueillis, traduits et mis en ordre par J.-A. Decourdemanche. In-18... 2 fr. 50

XXI. — LE DHAMMAPADA, traduit en français avec introduction et notes, par Fernand Hû ; suivi du *Sûtra en 42 articles*, traduit du tibétain avec introduction et notes, par Léon Feer. In-18.................................... 5 fr.

XXII. — LÉGENDES ET TRADITIONS HISTORIQUES de l'archipel indien (Sedjarat Malayou), traduit pour la première fois du malais et accompagné de notes, par L.-Marcel Devic. In-18................................... 2 fr. 50

XXIII. — LA PUISSANCE PATERNELLE EN CHINE, traduit sur les textes originaux par F. Scherzer, interprète du gouvernement. In-18............................. 2 fr. 50

XXIV. — LES HÉROINES DE KALIDASA ET CELLES DE SHAKESPEARE, par Mary Summer. In-18....... 2 fr. 50

XXV. — LE LIVRE DES FEMMES (Zenan-Nameh), de Fazil Bey, traduit du turc, par J.-A. Decourdemanche. In-18.. 2 fr. 50

XXVI. — VIKRAMORVACI. Ourvâci donnée pour prix de l'héroïsme, drame sanscrit, traduit et annoté par Ph.-Ed. Foucaux In-18... 2 fr. 50

XXVII. — NAGANANDA. La joie des serpents, drame bouddhique, trad. et annoté par A. Bergaigne. In-18 .... 2 fr. 50

XXVIII. — LA BIBLIOTHÈQUE DU PALAIS DE NINIVE, par J. Ménant. In-18...................................... 2 fr. 50

XXIX. — LES RELIGIONS ET LES LANGUES DE L'INDE, par R. Cust. In-18.................................... 2 fr. 50

XXX. — LA POÉSIE ARABE ANTÉ-ISLAMIQUE, par René Basset. In-18.. 2 fr. 50

XXXI. — LE LIVRE DES DAMES DE LA PERSE (Kitabi Kulsum Naneh), traduit par J. Thonnelier. In-18 .... 2 fr. 50

XXXII. — LE LIVRE DES MORTS. Traduction du rituel funéraire égyptien, par Paul Pierret, conservateur du musée égyptien du Louvre. In-18....................................... 10 fr.

XXXIII. — L'ENCRE DE CHINE. Son histoire, ses procédés de fabrication, d'après les auteurs chinois, par M. Jametel In-18, illustré de 22 gravures d'après les originaux .... 5 fr.

XXXIV. — LE KORAN, sa poésie et ses lois, par Stanley Lane Poole, continuateur du *Arabic Lexicon* de Lane. In-18. 2 fr. 50

XXXV. — FABLES TURQUES, recueillies et traduites par J. Decourdemanche. In-18....................................... 5 fr.

XXXVI. — LA CIVILISATION JAPONAISE, par Léon de Rosny. In-18.. 5 fr.

XXXVII. — LA CIVILISATION MUSULMANE, par Stanislas Guyard, professeur au collège de France. In-18..... 2 fr. 50

XXXVIII. — LES LANGUES DE L'AFRIQUE, par R. Cust. Traduit par de Milloué. In-18.................................. 2 fr. 50

XXXIX. — RELATION DU VOYAGE D'UN AMBASSADEUR MAROCAIN EN ESPAGNE (1690-1691), traduit de l'arabe par H. Sauvaire, consul de France. In-18................. 5 fr.

XL. — MALATI ET MADHAVA, drame sanscrit. (Sous presse).
In-18 . . . . 2 fr. 50
XLI. — LES FRAUDES ARCHÉOLOGIQUES EN PALESTINE,
par Clermont-Ganneau. In-18, illustré. (Sous presse.).. 5 fr.
XLII. — LES PEUPLES ORIENTAUX CONNUS DES ANCIENS
CHINOIS, par L. de Rosny. In-18. (Sous presse.) . . . . . 5 fr.
XLIII. — KIN KOU KI KOUAN, choix de Nouvelles chinoises,
traduites pour la première fois en français. (Sous presse.) 2 fr. 50
XLIV. — LES LANGUES PERDUES (PERSE, ASSYRIE,
CHALDÉE), etc., par J. Ménant. In-18. . . . . 5 fr.

Collection ERNEST LEROUX

LE BOUSTAN
(OU VERGER)
POËME PERSAN DE SAADI

Traduit pour la première fois en français, avec une introduction et des notes

Par A.-C. BARBIER DE MEYNARD, de l'Institut

Un beau vol in 18 de luxe, papier teinté, encadrements rouges à chaque page. . . . . 10 fr.

COLLECTION BIBLIOGRAPHIQUE

SCANDERBEG (Georges Castriota). Essai de bibliographie raisonnée. — Ouvrages sur Scanderbeg, écrits en langues française, anglaise, allemande, latine, italienne, espagnole, portugaise, suédoise et grecque, et publiés depuis l'invention de l'imprimerie jusqu'à ce jour.

Par Georges PÉTROVICH

Un joli volume, petit in-8, de luxe, de 150 pages, impression en rouge et noir, chaque page encadrée d'un filet rouge.

120 exemplaires sur papier vergé de Hollande.	15 fr.
15	— sur papier Whatman.	25 fr.
15	— sur papier de Chine.	25 fr.

ANGERS. IMP. BURDIN ET Cⁱᵉ, 4, RUE GARNIER.

RECUEIL
DE VOYAGES ET DE DOCUMENTS
*Pour servir à l'histoire de la Géographie
depuis le XIIIe jusqu'à la fin du XVIe siècle.*

Publié sous la direction de MM. Ch. SCHEFER, de l'Institut, et H. CORDIER.

Tiré à 250 exemplaires, dont 25 sur papier de Hollande.

VOLUMES PUBLIÉS :

I. — JEAN ET SÉBASTIEN CABOT

Leur origine et leurs voyages. Étude d'histoire critique, suivie d'une cartographie, d'une bibliographie et d'une chronologie des Voyages au Nord-Ouest, de 1497 à 1550, d'après des documents inédits. Par Henry HARRISSE. 1882, un beau volume gr. in-8, avec un portulan reproduit en *fac-similé* par PILINSKI . . . . 25 fr.
Le même, sur papier vergé de Hollande . . . . 40 fr.

II. — LE VOYAGE DE LA SAINCTE CYTÉ DE HIERUSALEM

Fait l'an mil quatre cens quatre vingtz pendant le siège du Grand-Turc à Rhodes et régnant en France Loys unziesme de ce nom. Publié par Ch. SCHEFER. 1882, beau volume gr. in-8 . . . . 16 fr.
Le même, sur papier vergé de Hollande . . . . 25 fr.

III. — LES CORTE-REAL ET LEURS VOYAGES AU NOUVEAU-MONDE

D'après des documents nouveaux ou peu connus, tirés des archives du Portugal et d'Italie, suivi du texte inédit d'un récit de la troisième expédition de Gaspard Corte-Real, et d'une carte portugaise de l'année 1502 reproduite ici pour la première fois. Par Henry HARRISSE. 1883, un beau volume gr. in-8, avec une photogravure et une grande carte chromolithographiée, en un étui . . . . 30 fr.
Le même, sur papier vergé de Hollande . . . . 50 fr.

III (bis). — GASPARD CORTE-REAL

La date exacte de sa dernière expédition au Nouveau-Monde, d'après deux documents inédits tirés des archives de la Torre do Tombo à Lisbonne, dont un écrit et signé par Gaspard Corte-Real, l'autre par son frère Miguel, reproduits ici en *fac-similé* par Henri HARRISSE. In-8, avec 2 pl. 4 fr.
Le même, sur papier de Hollande . . . . 6 fr.

IV. — LES NAVIGATIONS DE JEAN PARMENTIER

Le Discours de la Navigation de Jean et Raoul Parmentier de Dieppe. Publié par M. Ch. SCHEFER. 1883, un beau volume gr. in-8, avec une carte fac-similé . . . . 16 fr.
Le même, sur papier vergé de Hollande . . . . 25 fr.
Voyage à Sumatra, en 1529. — Description de l'isle Saincte Domingo.

V. — LE VOYAGE D'OUTREMER

Fait par frère Jean Thenaud, gardien des Frères mineurs d'Angoulême. Publié par M. Ch. SCHEFER. In-8 . . . . 25 fr.
Le même, sur papier de Hollande . . . . 40 fr.

VI. VII. — CHRISTOPHE COLOMB

Son origine, sa vie, ses voyages, sa famille. D'après des documents inédits tirés des archives de Gênes, de Savone, de Séville et de Madrid, par Henry HARRISSE. 2 forts volumes gr. in-8, avec cinq tableaux généalogiques et un Corpus. (Le tome II sous presse.) . . . . 70 fr.
Le même, sur papier de Hollande . . . . 100 fr.

VIII. — LES VOYAGES EN LEVANT DE JEAN CHESNEAU

Secrétaire de M. d'Aramon, ambassadeur du Roy près le Grand Seigneur. 1547-1553. (Sous presse.)

ANGERS, IMP. BURDIN ET Cie, RUE GARNIER, 4.

www.ingramcontent.com/pod-product-compliance
Lightning Source LLC
Chambersburg PA
CBHW070632170426
43200CB00010B/1988